Curso

MAD360

*La diferencia entre aprobar
y sacar plaza*

Ayudante de Servicios

SERVICIO DE SALUD DEL PRINCIPADO DE ASTURIAS

Si aún no dispones de tu **Curso MAD360**, te ofrecemos un acceso GRATIS de 30 días para que disfrutes de los siguientes recursos:

AF212453

- Técnicas de Memoria 360.
- MADTEST: Test *online* Nivel PRO.
- Temario en formato digital.
- Vídeos.
- Esquemas.
- Planificación de estudio.
- Foro entre opositores hasta la fecha del examen.*
- Recursos y novedades exclusivas.
- Consúltanos sobre tu oposición y proceso selectivo.
- Actualizaciones legislativas (Boletines Oficiales) hasta 60 días antes de la fecha del examen.*

Para acceder a esta prueba del Curso MAD360** será necesaria la compra de todos los libros para esta especialidad de la edición 2025.

Regístrate en **mad.es/iniciar-sesion** y en la pestaña BIBLIOTECA valida los códigos que encuentras en la última página de tus libros.

NOTA IMPORTANTE:

* Examen de esta categoría profesional correspondiente a la convocatoria publicada en el BOPA núm. 90, de 13 de mayo de 2025, o hasta el 31 de julio de 2026, lo que se cumpla antes, y previa renovación del servicio.

** El acceso al CURSO MAD360 estará disponible desde julio de 2025 (algunos recursos podrían estar disponibles en fecha posterior). Tendrá una duración de 30 días RENOVABLES mediante pago, desde la validación de códigos, o hasta el 31 de enero de 2027, lo que se cumpla antes.

MAD se reserva el derecho a ampliar dichas fechas.

Ayudante de Servicios del Servicio de Salud del Principado de Asturias

Junio 2025

Ayudante de Servicios del Servicio de Salud del Principado de Asturias

Test del temario

Autores

TERESA MARÍA TORRES FONSECA
Licenciada en Derecho

ELENA GARCÍA FERNÁNDEZ
Licenciada en Derecho

FRANCISCO JESÚS TORRES FONSECA
Licenciado en Derecho

JOSÉ LUIS GARRIDO VELA
Licenciado en Derecho

ANA MARÍA SERRANO BÁRCENA
Licenciada en Biología

© 7 Editores Recursos para la Cualificación Profesional y el Empleo, S.L. (7 Editores)
© Los autores
Primera edición, junio 2025 (146 páginas)
Derechos de edición reservados a favor de 7 Editores
IMPRESO EN ESPAÑA
Diseño Portada: 7 Editores
Edita: 7 Editores
Avda. San Francisco Javier, 9 · Edificio Sevilla 2 · Planta 11 · Módulos 25-27 · 41018 Sevilla
Teléfono: 954 784 411 · WEB: www.mad.es · e-mail: administracion@7editores.com
ISBN: 978-84-142-9638-7
© "Editorial Mad" y "Eduforma" son nombres comerciales registrados de
7 Editores Recursos para la Cualificación Profesional y el Empleo, S.L.

Índice

TEST PARTE ESPECÍFICA

TEST PARTE COMÚN

TEST N.º 1

La Constitución Española de 27 de diciembre de 1978: El derecho a la protección de la salud en la Constitución

1. ¿En qué parte de la Carta Magna se establece la exposición de motivos que impulsan la norma constitucional y los objetivos que con ella se pretenden alcanzar?

a) En el Título Preliminar.
b) En el Preámbulo.
c) En el Título I.
d) En el Título II.

2. La Constitución Española fue sancionada por:

a) El Rey.
b) El Presidente del Congreso.
c) Las Cortes Generales.
d) El Presidente del Gobierno.

3. ¿Cuáles de los siguientes españoles de origen pueden ser privados de su nacionalidad?

a) Exclusivamente los miembros de grupos terroristas.
b) Los miembros de grupos terroristas y los que atenten contra el Rey u otro miembro de la Casa Real.
c) Los que atenten contra un miembro de la Familia Real o del Gobierno de la Nación.
d) Ningún español de origen podrá ser privado de su nacionalidad.

4. Según la CE son fundamentos del orden político y la paz social:

a) La dignidad de la persona, los derechos violables que les son inherentes y el respeto a la ley.
b) La dignidad de la persona, el desarrollo limitado de la personalidad y el respeto a la ley.
c) El respeto a la ley, a los reglamentos administrativos y demás disposiciones legales.
d) La dignidad de la persona, los derechos inviolables que le son inherentes, el libre desarrollo de su personalidad, el respeto a la ley y a los derechos de los demás.

5. ¿Cuál de los siguientes es considerado por la CE como uno de los valores superiores del ordenamiento jurídico?

a) La jerarquía normativa.
b) El pluralismo político.
c) La publicidad normativa.
d) La equidad.

6. La forma política del Estado español es:

a) Democracia parlamentaria.
b) Gobierno parlamentario.
c) Monarquía parlamentaria.
d) República democrática.

7. La parte de la CE que regula la estructura de los principales órganos del Estado recibe el nombre de:

a) Parte dogmática.
b) Parte orgánica.
c) Parte estatal.
d) Parte estructural.

8. Según la CE, la soberanía nacional:

a) Corresponde a las Cortes Generales, al estar compuestas por los representantes del pueblo.
b) Corresponde al Rey.
c) Reside en el pueblo español.
d) Corresponde al Gobierno de la Nación elegido directamente por el pueblo.

9. El derecho a la propiedad en nuestra Constitución es un Derecho:

a) Inherente a la condición humana.
b) Absoluto.
c) Limitado por la función social de la misma.
d) Ninguna de las respuestas anteriores es correcta.

10. ¿En qué parte de la Carta Magna se señalan los valores superiores del ordenamiento jurídico?

a) En el Preámbulo.
b) En el Título Preliminar.
c) En el Título I.
d) Ninguna respuesta es correcta.

11. El principio en virtud del cual el ciudadano está amparado por una legislación no sujeta a continuos vaivenes es el de:

a) Legalidad.
b) Publicidad normativa.
c) Seguridad jurídica.
d) Jerarquía normativa.

12. El principio en virtud del cual un Reglamento no puede contradecir una ley es el de:

a) Legalidad.
b) Jerarquía normativa.
c) Las respuestas a) y b) son correctas.
d) Seguridad jurídica.

13. Según la Constitución, una norma que imponga una nueva pena más leve para un delito:

a) No se aplica retroactivamente.
b) Puede aplicarse retroactivamente.
c) Ha de ser reglamentaria.
d) Atenta contra el principio de legalidad penal si se aplica retroactivamente.

14. Todos los españoles, respecto al castellano, tienen el:

a) Derecho-deber de conocerlo.
b) Derecho de usar y deber de conocerlo.
c) Derecho-deber de usarlo.
d) Nada de lo anterior.

15. La capital del Estado en España es:

a) La propia de cada Comunidad Autónoma.
b) La villa de Madrid.
c) Aquella donde se establezca en cada momento el Gobierno de la Nación.
d) Aquella en la que resida generalmente el Rey.

16. El derecho a la vida se consagra en el siguiente artículo de la Constitución:

a) 10.
b) 16.
c) 15.
d) 24.

17. La pena de muerte en España:

a) Ha quedado abolida.
b) Puede aplicarse en cualquier momento.

c) Solo se aplicará, en tiempo de guerra, a los militares.
d) Rige solo en el ámbito civil.

18. La inmediata puesta a disposición judicial derivada del habeas corpus, se produce por:

a) Detención ilegal.
b) Prisión ilegal.
c) Prisión preventiva.
d) Detención preventiva.

19. El proceso en el que se enjuicie a un presunto delincuente debe:

a) Ser sumario.
b) No dilatarse.
c) Entorpecer los instrumentos probatorios.
d) Nada de lo anterior es cierto.

20. La entrada en un domicilio en caso de flagrante delito, sin autorización de su titular:

a) Puede dar lugar a la aplicación del habeas corpus.
b) Requiere autorización previa de la autoridad judicial.
c) Puede efectuarse en todo momento.
d) No puede realizarse en momento alguno.

En MADTEST tienes **más preguntas de este tema**, y todos tus avances quedan registrados y se reflejan en el ranking.

¡Supera tus límites con MADTEST!

Solución al test n.º 1

1. b) En el Preámbulo.

2. a) El Rey.

3. d) Ningún español de origen podrá ser privado de su nacionalidad.

4. d) La dignidad de la persona, los derechos inviolables que le son inherentes, el libre desarrollo de su personalidad, el respeto a la ley y a los derechos de los demás.

5. b) El pluralismo político.

6. c) Monarquía parlamentaria.

7. b) Parte orgánica.

8. c) Reside en el pueblo español.

9. c) Limitado por la función social de la misma.

10. b) En el Título Preliminar.

11. c) Seguridad jurídica.

12. c) Las respuestas a) y b) son correctas.

13. b) Puede aplicarse retroactivamente.

14. b) Derecho de usar y deber de conocerlo.

15. b) La villa de Madrid.

16. c) 15.

17. a) Ha quedado abolida.

18. a) Detención ilegal.

19. b) No dilatarse.

20. c) Puede efectuarse en todo momento.

TEST N.º 2

Ley 14/1986, de 25 de abril, General de Sanidad. Sistema Nacional de Salud: El derecho a la protección de la salud (Título Preliminar). Estructura del sistema sanitario público (Título III)

1. ¿De cuántos Títulos consta la Ley General de Sanidad?

a) Cuatro.
b) Cinco.
c) Seis.
d) Siete.

2. ¿En qué Título de la Ley General de Sanidad, se regula la estructura del sistema sanitario público?

a) Título I.
b) Título II.
c) Título III.
d) Título IV.

3. Las Áreas de Salud serán dirigidas por un órgano propio, donde deberán participar las Corporaciones Locales en ellas situadas, con una representación no inferior al:

a) 20 %.
b) 30 %.
c) 40 %.
d) 50 %.

4. Los Consejos de Salud de Área estarán constituidos por organizaciones sindicales más representativas, en una proporción no inferior al:

a) 25 %.
b) 30 %.
c) 40 %.
d) 50 %.

5. Entre las características fundamentales del Sistema Nacional de Salud, no se encuentra:

a) La extensión de sus servicios a toda la población.
b) La coordinación y, en su caso, la integración de todos los recursos sanitarios públicos en tres dispositivos únicos (estatal, autonómico y local).
c) La prestación de una atención integral de la salud procurando altos niveles de calidad debidamente evaluados y controlados.
d) Todas son correctas.

6. ¿En cuántos niveles organizativos se divide el sistema sanitario español?

a) Tres: central, autonómico y áreas de salud.
b) Dos: central y autonómico.
c) Central, del que derivan el autonómico y local.
d) Únicamente el central.

7. Para la delimitación de las zonas básicas no deberá tenerse en cuenta:

a) El grado de concentración o dispersión de la población.
b) Las características epidemiológicas de la zona.
c) Las instalaciones y recursos sanitarios de la zona.
d) Las distancias mínimas de las agrupaciones de población más cercanas de los servicios y el tiempo normal a invertir en su recorrido usando los medios ordinarios.

8. El Título II de la Ley General de Sanidad, regula:

a) El sistema de salud.
b) La estructura del sistema sanitario público.
c) Las actividades sanitarias privadas.
d) Ninguna es correcta.

9. Las acciones de coordinación y cooperación de las Administraciones Públicas sanitarias, no comprenderán:

a) Las prestaciones sanitarias.
b) La farmacia.
c) Los profesionales.
d) La salud privada.

10. ¿Cuál de las siguientes no es una característica del modelo establecido por la Ley General de Sanidad?

a) Descentralización.
b) Atención Primaria.

c) Gratuidad.
d) Participación de la Comunidad.

11. Señala la respuesta incorrecta. Son características fundamentales del Sistema Nacional de Salud:

a) La extensión de sus servicios a toda la población.
b) La coordinación y, en su caso, la integración de todos los recursos sanitarios públicos en un dispositivo único.
c) La prestación de una atención integral de la salud procurando altos niveles de calidad debidamente evaluados y controlados.
d) La financiación exclusiva de las obligaciones sanitarias por los ciudadanos.

12. En el ámbito de la Atención Primaria, las Áreas de Salud deberán desarrollar las siguientes actividades:

a) Fórmulas de trabajo en equipo.
b) Programas para la promoción de la salud.
c) Programas para prevención, curación y rehabilitación de los enfermos.
d) Todas son correctas.

13. La Ley 14/1986, de 25 de abril, General de Sanidad, establece que las piezas básicas de los Servicios de Salud de las Comunidades Autónomas son:

a) Las Áreas de Salud.
b) Los Distritos Sanitarios.
c) Las Comarcas Sanitarias.
d) Las Zonas de Salud.

14. ¿Cuál es el órgano de dirección de las Áreas de Salud?

a) El Consejo de dirección de área.
b) El Gerente de área.
c) El Consejo de salud de área.
d) La Comisión de salud de área.

15. ¿Qué principio contemplado en la Ley General de Sanidad dispone que en cada Comunidad Autónoma se constituirá un Servicio de Salud integrado por todos los centros, servicios y establecimientos de la propia Comunidad, Diputaciones, Ayuntamientos y cualesquiera otras Administraciones territoriales intracomunitarias, que estará gestionado bajo la responsabilidad de la respectiva Comunidad Autónoma?

a) El principio de solidaridad sanitaria.
b) El principio de responsabilidad.
c) El principio de coordinación.
d) El principio de integración.

16. Como regla general, y sin perjuicio de las excepciones a que hubiera lugar, atendidos los factores geográficos, socioeconómicos, demográficos, laborales, epidemiológicos, culturales, climatológicos y de dotación de vías y medios de comunicación, el área de salud extenderá su acción a una población:

a) No inferior a 100.000 habitantes ni superior a 150.000.
b) No inferior a 150.000 habitantes ni superior a 200.000.
c) No inferior a 200.000 habitantes ni superior a 250.000.
d) No inferior a 250.000 habitantes ni superior a 300.000.

17. ¿Cuál es el órgano de participación de las Áreas de Salud?

a) El Consejo de dirección de área.
b) El Gerente de área.
c) El Consejo de salud de área.
d) La Comisión de salud de área.

18. ¿Cuál es el órgano de gestión de las Áreas de Salud?

a) El Consejo de dirección de área.
b) El Gerente de área.
c) El Consejo de salud de área.
d) La Comisión de salud de área.

19. Señala cuál de los siguientes no es uno de los seis ámbitos de colaboración entre las Administraciones públicas sanitarias definidas por Ley 16/2003:

a) Calidad del sistema sanitario.
b) Los pacientes.
c) La farmacia.
d) El sistema de información sanitaria.

20. ¿Cómo se denomina el órgano del Ministerio de Sanidad al que se encomienda el desarrollo de las actividades necesarias para el funcionamiento del sistema de información sanitaria?

a) Instituto de Información Sanitaria.
b) Consejo Interterritorial del Sistema Nacional de Salud.
c) Observatorio del Sistema Nacional de Salud.
d) Agencia de Información del Sistema Nacional de Salud.

En MADTEST tienes **más preguntas de este tema**, y todos tus avances quedan registrados y se reflejan en el ranking.

¡Supera tus límites con MADTEST!

Solución al test n.º 2

1. d) Siete.

2. c) Título III.

3. c) 40 %.

4. a) 25 %.

5. b) La coordinación y, en su caso, la integración de todos los recursos sanitarios públicos en tres dispositivos únicos (estatal, autonómico y local).

6. a) Tres: central, autonómico y áreas de salud.

7. d) Las distancias mínimas de las agrupaciones de población más cercanas de los servicios y el tiempo normal a invertir en su recorrido usando los medios ordinarios.

8. d) Ninguna es correcta.

9. d) La salud privada

10. c) Gratuidad.

11. d) La financiación exclusiva de las obligaciones sanitarias por los ciudadanos.

12. d) Todas son correctas.

13. a) Las Áreas de Salud.

14. a) El Consejo de dirección de área.

15. d) El principio de integración.

16. c) No inferior a 200.000 habitantes ni superior a 250.000.

17. c) El Consejo de salud de área.

18. b) El Gerente de área.

19. b) Los pacientes.

20. a) Instituto de Información Sanitaria.

TEST N.º 3

Ley 31/1995, de 8 de noviembre, de Prevención de Riesgos Laborales: Derechos y obligaciones (Capítulo III). Consulta y participación de los trabajadores (Capítulo V)

1. ¿Cuál es la vigente Ley de Prevención de Riesgos Laborales?

a) Ley 32/1995, de 8 de noviembre.
b) Ley 30/1996, de 8 de noviembre.
c) Ley 31/1995, de 6 de noviembre.
d) Ley 31/1995, de 8 de noviembre.

2. La Ley de Prevención de Riesgos laborales, tiene por objeto:

a) Prevenir los accidentes en general.
b) Evitar riesgos en el recorrido al puesto de trabajo.
c) Promover la seguridad y la salud de los trabajadores.
d) Que cada vez haya menos accidentes de tráfico.

3. ¿Qué se entiende por "riesgo laboral"?

a) La posibilidad de que un trabajador sufra un determinado daño derivado del trabajo.
b) La posibilidad de que un trabajador sufra una enfermedad en el trabajo.
c) La posibilidad de que un trabajador sufra acoso.
d) El riesgo que supone el ir a trabajar.

4. Indica cuál es la definición de prevención:

a) La probabilidad racional de que un riesgo se materialice de forma inminente.
b) El estudio de los procesos potencialmente peligrosos para el trabajo.

c) Conjunto de actividades o medidas adoptadas o previstas en todas las fases de actividad de la empresa con el fin de evitar o disminuir los riesgos derivados del trabajo.

d) Posibilidad de que un trabajador sufra un determinado daño derivado del trabajo.

5. Según establece el art. 4 de la Ley 31/1995, de 8 de noviembre, de Prevención de Riesgos Laborales, se define como daños derivados del trabajo:

a) La posibilidad de que un trabajador sufra un determinado daño derivado del trabajo.

b) El que resulte probable racionalmente que se materialice en un futuro inmediato y pueda suponer y pueda suponer un daño grave para la salud de los trabajadores.

c) Las enfermedades, patologías o lesiones sufridas con motivo u ocasión del trabajo.

d) Cualquier máquina, aparato, instrumento o instalación utilizada en el trabajo.

6. Señale la respuesta incorrecta:

a) La Ley de Prevención de Riesgos Laborales se aplica a los operativos de Seguridad civil en casos de catástrofe.

b) La Ley de Prevención de Riesgos Laborales se aplica a las sociedades cooperativas.

c) En el ámbito de la relación laboral de carácter especial del servicio del hogar familiar, las personas trabajadoras tienen derecho a una protección eficaz en materia de seguridad y salud en el trabajo.

d) En los establecimientos penitenciarios, se adaptarán a la Ley de Prevención de Riesgos Laborales aquellas actividades cuyas características justifiquen una regulación especial.

7. Para calificar un riesgo desde el punto de vista de su gravedad, se valorarán conjuntamente la severidad del daño y:

a) La probabilidad de que se produzca.

b) La cantidad de trabajadores de la empresa.

c) La existencia o no de equipos individuales de protección.

d) Las condiciones de trabajo.

8. El derecho básico reconocido a los trabajadores por la Ley 31/1995, de 8 de noviembre, es:

a) La vigilancia de su estado de salud.

b) Una protección eficaz en materia de seguridad y salud en el trabajo.

c) La formación en materia preventiva.

d) La información, consulta y participación.

9. Entre los principios de la acción preventiva recogidos por el artículo 15 de la Ley de Prevención de Riesgos Laborales, no figura:

a) Evitar los riesgos.

b) Evaluar los riesgos que se puedan evitar.

c) Tener en cuenta la evolución de la técnica.

d) Dar las debidas instrucciones a los trabajadores.

10. En el marco de sus responsabilidades, el empresario realizará la prevención de los riesgos laborales mediante la integración en la empresa de:

a) Los equipos de protección individual.

b) Los Servicios de Prevención propios.

c) La actividad preventiva.

d) La normativa comunitaria.

11. Los instrumentos esenciales para la gestión y aplicación del Plan de prevención de riesgos laborales son:

a) La evaluación de riesgos y la planificación de la actividad preventiva.

b) La evaluación inicial de riesgos y la formación.

c) La planificación y la gestión de la actividad preventiva.

d) La identificación y la evaluación de los riesgos.

12. En relación a la vigilancia de la salud que ha de garantizar el empresario, el acceso a la información médica de carácter personal:

a) Se limitará al empresario y a los Servicios de Prevención propios.

b) Se limitará al Jefe inmediato del trabajador.

c) Sólo será accesible al propio trabajador.

d) Se limitará al personal médico y a las autoridades sanitarias que lleven a cabo la vigilancia.

13. Según la Ley de Prevención de Riesgos Laborales, es obligación de los trabajadores en materia de prevención de riesgos:

a) La protección eficaz en materia de seguridad y salud en el trabajo.

b) Utilizar correctamente los medios y equipos de protección facilitados por el empresario, de acuerdo con las instrucciones recibidas de éste.

c) Soportar el coste de las medidas relativas a la seguridad y la salud en el trabajo.

d) Desarrollar una acción permanente de seguimiento de la actividad preventiva.

14. Cuando los trabajadores estén expuestos a un riesgo grave e inminente con ocasión de su trabajo, y el empresario no adopte o no permita la adopción de las medidas necesarias para garantizar la seguridad y la salud de los trabajadores, la Ley 31/1995, de 8 de noviembre, de Prevención de Riesgos Laborales prevé que:

a) Los trabajadores afectados podrán paralizar la actividad.

b) El órgano de representación del personal instará formalmente al empresario a la adopción de las medidas necesarias.

c) Los Delegados de Prevención lo comunicarán a la autoridad laboral, que adoptará las medidas necesarias.

d) El órgano de representación de personal podrá acordar la paralización de la actividad.

15. El art. 23 de la LPRL establece la documentación que el empresario debe elaborar y conservar a disposición de la autoridad laboral. De las siguientes no está incluido:

a) El Plan de prevención de riesgos laborales.

b) Evaluación de los riesgos para la seguridad y la salud en el trabajo.

c) La planificación de la actividad laboral.

d) La relación de accidentes de trabajo y enfermedades profesionales que hayan causado al trabajador una incapacidad laboral superior a un día de trabajo.

16. El posible cambio de puesto de trabajo con riesgo para una trabajadora embarazada:

a) Deberá realizarse en caso de imposibilidad de adaptación del propio puesto.

b) Se hará previo informe en tal sentido del Servicio de Prevención.

c) Se determinará por el empresario, y dará información a los representantes de los trabajadores.

d) Se extenderá al período de lactancia.

17. ¿Cuándo se deben utilizar los equipos de protección individual?

a) Siempre.

b) Cuando los riesgos no hayan sido evaluados.

c) Cuando los riesgos no se puedan evitar o no puedan limitarse.

d) Cuando el trabajador lo estime oportuno.

18. Las trabajadoras embarazadas ¿tienen derecho a ausentarse del trabajo para la realización de exámenes prenatales y técnicas de preparación al parto?

a) Sí, con derecho a remuneración, previo aviso al empresario y justificación de la necesidad de su realización dentro de la jornada de trabajo.

b) Sí, con derecho a remuneración, sin necesidad de avisar al empresario ni justificar la necesidad de su realización dentro de la jornada de trabajo.

c) Sí, sin derecho a remuneración, previo aviso al empresario y justificación de la necesidad de su realización dentro de la jornada de trabajo.

d) No, en ningún caso.

19. En las empresas de hasta 30 trabajadores el Delegado de Prevención será:

a) El propio empresario.

b) El trabajador más antiguo.

c) El trabajador de mayor cualificación.
d) El delegado de personal.

20. Según la Ley de Prevención de Riesgos Laborales, se constituirá un Comité de Seguridad y Salud en todas las empresas o centros de trabajo que cuenten con:

a) 30 o más trabajadores.
b) 50 o más trabajadores.
c) 75 o más trabajadores.
d) 100 o más trabajadores.

En MADTEST tienes **más preguntas de este tema**, y todos tus avances quedan registrados y se reflejan en el ranking.

¡Supera tus límites con MADTEST!

Solución al test n.º 3

1. d) Ley 31/1995, de 8 de noviembre.

2. c) Promover la seguridad y la salud de los trabajadores.

3. a) La posibilidad de que un trabajador sufra un determinado daño derivado del trabajo.

4. c) Conjunto de actividades o medidas adoptadas o previstas en todas las fases de actividad de la empresa con el fin de evitar o disminuir los riesgos derivados del trabajo.

5. c) Las enfermedades, patologías o lesiones sufridas con motivo u ocasión del trabajo.

6. a) La Ley de Prevención de Riesgos Laborales se aplica a los operativos de Seguridad civil en casos de catástrofe.

7. a) La probabilidad de que se produzca.

8. b) Una protección eficaz en materia de seguridad y salud en el trabajo.

9. b) Evaluar los riesgos que se puedan evitar.

10. c) La actividad preventiva.

11. a) La evaluación de riesgos y la planificación de la actividad preventiva.

12. d) Se limitará al personal médico y a las autoridades sanitarias que lleven a cabo la vigilancia.

13. b) Utilizar correctamente los medios y equipos de protección facilitados por el empresario, de acuerdo con las instrucciones recibidas de éste.

14. d) El órgano de representación de personal podrá acordar la paralización de la actividad.

15. c) La planificación de la actividad laboral.

16. a) Deberá realizarse en caso de imposibilidad de adaptación del propio puesto.

17. c) Cuando los riesgos no se puedan evitar o no puedan limitarse.

18. a) Sí, con derecho a remuneración, previo aviso al empresario y justificación de la necesidad de su realización dentro de la jornada de trabajo.

19. d) El delegado de personal.

20. b) 50 o más trabajadores.

TEST N.º 4

Ley Orgánica 3/2018, de 5 de diciembre, de Protección de Datos Personales y garantía de los derechos digitales: objeto, ámbito de aplicación y principios; derechos de las personas

1. Es correcto, conforme a la disposición adicional 3ª de la LO 3/2018, que:

a) Cuando los plazos se señalen por días, se entiende que estos son naturales.
b) Si el plazo se fija en semanas, concluirá el día anterior al día de la semana en que se produjo el hecho que determina su iniciación en la semana de vencimiento.
c) Si el plazo se fija en años, concluirá el mismo día en que se produjo el hecho que determina su iniciación en el año de vencimiento.
d) Cuando el último día del plazo sea inhábil, se entenderá adelantado al último día hábil anterior.

2. ¿Qué título de la LO 3/2018, de 5 de diciembre, de Protección de Datos Personales y garantía de los derechos digitales, se refiere a los principios de la protección de datos?

a) Título I.
b) Título II.
c) Título III.
d) Título IV.

3. Según el artículo 3 de la LO 3/2018, los requisitos y condiciones para acreditar la validez y vigencia de los mandatos e instrucciones de las personas fallecidas respecto al acceso a los datos personales de éstas por parte de las personas o instituciones que designaran expresamente, serán establecidos:

a) Por medio de una Directiva europea.
b) Por Ley estatal.
c) Por Ley autonómica.
d) Por Real Decreto.

4. El artículo 4 de la LO 3/2018 señala que, conforme al artículo 5.1.d) del Reglamento (UE) 2016/679, los datos serán exactos y, si fuere necesario:

a) Actualizados.
b) Aproximos.
c) Normalizados.
d) Digitalizados.

5. Conforme al artículo 5.1 de la LO 3/2018, estarán sujetas al deber de confidencialidad:

a) Únicamente los responsables del tratamiento.
b) Los responsables y encargados del tratamiento.
c) Los responsables y encargados del tratamiento de datos así como todas las personas que intervengan en cualquier fase de este.
d) Los responsables y encargados del tratamiento de datos así como todas las personas que intervengan en todas las fases de este.

6. Conforme a los artículos 4.11 del RGPD y 6.1 de la LO 3/2018, se entiende por consentimiento del afectado la aceptación, ya sea mediante una declaración o una clara acción afirmativa, del tratamiento de datos personales que le conciernen manifestada por voluntad libre, de forma específica, informada e/y:

a) Detallada.
b) Unitaria.
c) Inequívoca.
d) Por escrito.

7. Cuando se pretenda fundar el tratamiento de los datos en el consentimiento del afectado para una pluralidad de finalidades:

a) Será preciso que conste de manera específica e inequívoca que dicho consentimiento se otorga para todas ellas.
b) Será necesario demostrar que el afectado consintió expresamente e inequívocamente en alguna de las finalidades y, que el resto de finalidades están claramente relacionadas con aquella.
c) El responsable debe demostrar la adecuación de las distintas finalidades a un único objeto.
d) El consentimiento del afectado sólo puede afectar a una finalidad. Cada finalidad precisa un consentimiento propio e independiente.

8. Conforme al principio de limitación de la finalidad, los datos personales serán recogidos con fines determinados, explícitos y:

a) Limitados.
b) Transparentes.

c) Compatibles.
d) Legítimos.

9. Según el artículo 8.1 de la LO 3/2018, el tratamiento de datos personales solo podrá considerarse fundado en el cumplimiento de una obligación legal exigible al responsable:

a) Cuando así lo prevea una norma de Derecho de la Unión Europea o una norma con rango de ley.
b) Cuando el tratamiento se considere una misión realizada en interés público.
c) Cuando se trate del ejercicio de poderes públicos conferidos al responsable.
d) Cuando el responsable sea un órgano u organismo público.

10. Conforme al artículo 9 de la LO 3/2018, de 5 de diciembre, de Protección de Datos Personales y garantía de los derechos digitales, cuál de los siguientes tratamientos de categorías especiales de datos fundados en el Derecho español deberá estar amparado en una norma con rango de ley:

a) Tratamiento necesario con fines de archivo en interés público, fines de investigación científica o histórica.
b) Tratamiento efectuado, en el ámbito de sus actividades legítimas y con las debidas garantías, por una fundación, una asociación o cualquier otro organismo sin ánimo de lucro, cuya finalidad sea política, filosófica, religiosa o sindical, siempre que el tratamiento se refiera exclusivamente a los miembros actuales o antiguos de tales organismos o a personas que mantengan contactos regulares con ellos en relación con sus fines y siempre que los datos personales no se comuniquen fuera de ellos sin el consentimiento de los interesados.
c) Tratamiento necesario para fines de medicina preventiva o laboral, evaluación de la capacidad laboral del trabajador, diagnóstico médico, prestación de asistencia o tratamiento de tipo sanitario o social, o gestión de los sistemas y servicios de asistencia sanitaria y social.
d) Tratamiento referido a datos personales que el interesado ha hecho manifiestamente públicos.

11. Uno de los objetos de la Ley Orgánica 3/2018, de 5 de diciembre, de Protección de Datos Personales y garantía de los derechos digitales, es:

a) Adaptar el ordenamiento jurídico español al Reglamento General de Protección de Datos y completar sus disposiciones.
b) Establecer las normas relativas a la protección de las personas físicas en lo que respecta al tratamiento de los datos personales y las normas relativas a la libre circulación de tales datos.
c) Adaptar el Reglamento General de Protección de Datos al ordenamiento jurídico español y completar sus disposiciones.
d) Garantizar la seguridad de la transferencia de datos entre países de la Unión Europea.

12. La LO 3/2018, de 5 de diciembre, de Protección de Datos Personales y garantía de los derechos digitales, tiene por objeto garantizar los derechos digitales de la ciudadanía conforme al mandato del artículo de la Constitución:

a) 9.2.
b) 10.1.
c) 18.4.
d) 20.4.

13. Señala la opción incorrecta. Conforme al artículo 11.3 de la LO 3/2018, la información básica que el responsable del tratamiento ha de facilitar al afectado, cuando los datos personales se hayan obtenido de éste, debe contener obligatoriamente:

a) La finalidad del tratamiento.
b) La identidad del responsable del tratamiento y de su representante, en su caso.
c) La posibilidad de ejercer los derechos establecidos en los artículos 15 a 22 del RGPD.
d) Las categorías de datos objeto de tratamiento.

14. Según el artículo 7.1 de la LO 3/2018, el tratamiento de los datos personales de un menor de edad únicamente podrá fundarse en su consentimiento cuando sea mayor de:

a) 12 años.
b) 13 años.
c) 14 años.
d) 16 años.

15. El derecho a la portabilidad de los datos:

a) Se podrá aplicar a los tratamientos que sean necesario para el cumplimiento de una misión realizada en interés público o en el ejercicio de poderes públicos conferidos al responsable del tratamiento.
b) A diferencia de otros derechos, podrá afectar negativamente a los derechos y libertades de otros.
c) Supone la obligación de que, en todo caso, los datos personales se transmitan directamente de responsable a responsable.
d) Requiere que el tratamiento se efectúe por medios automatizados.

16. Conforme al artículo 12 de la LO 3/2018, los derechos reconocidos en los artículos 15 a 22 del RGPD:

a) Sólo podrán ser ejercidos directamente por el afectado.
b) Deberán ejercerse bien directamente por el afectado o por representante legal.
c) Deberán ejercerse bien directamente por el afectado o por representante voluntario.
d) Podrán ejercerse directamente o por medio de representante legal o voluntario.

17. Según el artículo 12.4 de la LO 3/2018, la prueba del cumplimiento del deber de responder a la solicitud de ejercicio de sus derechos formulado por el afectado recaerá:

a) Sobre el responsable del tratamiento.
b) Sobre el encargado del tratamiento.
c) Bien sobre el responsable o bien sobre el encargado.
d) Sobre el representante legal del afectado.

18. En virtud del artículo 12 de la LO 3/2018 es cierto, en relación a los medios para que el afectado pueda ejercer sus derechos, que:

a) El encargado del tratamiento estará obligado a informar al afectado sobre los medios a su disposición para ejercer los derechos que le corresponden.
b) Los medios deberán ser consensuados con los afectados antes de poner en marcha el tratamiento.
c) Los medios deberán ser fácilmente accesibles para el afectado.
d) El ejercicio del derecho podrá ser denegado cuando el afectado opte por otro medio.

19. Señala la opción incorrecta. El artículo 15 del RGPD dispone que el interesado tendrá derecho a obtener del responsable del tratamiento confirmación de si se están tratando o no datos personales que le conciernen y, en tal caso, derecho de acceso a los datos personales y a información sobre la existencia de decisiones automatizadas, incluida la elaboración de perfiles, y, al menos en tales casos, información significativa sobre:

a) Los demás interesados afectados por las decisiones.
b) La lógica aplicada.
c) La importancia del tratamiento.
d) Las consecuencias previstas de dicho tratamiento.

20. Conforme al artículo 16 del RGPD, teniendo en cuenta los fines del tratamiento, el interesado tendrá derecho a que se completen los datos personales que sean incompletos, inclusive mediante:

a) Levantamiento de acta.
b) Certificación de modificación.
c) Una declaración adicional.
d) Elaboración de anexos.

En MADTEST tienes **más preguntas de este tema**, y todos tus avances quedan registrados y se reflejan en el ranking.

¡Supera tus límites con MADTEST!

Solución al test n.º 4

1. c) Si el plazo se fija en años, concluirá el mismo día en que se produjo el hecho que determina su iniciación en el año de vencimiento.

2. b) Título II.

3. d) Por Real Decreto.

4. a) Actualizados.

5. c) Los responsables y encargados del tratamiento de datos así como todas las personas que intervengan en cualquier fase de este.

6. c) Inequívoca.

7. a) Será preciso que conste de manera específica e inequívoca que dicho consentimiento se otorga para todas ellas.

8. d) Legítimos.

9. a) Cuando así lo prevea una norma de Derecho de la Unión Europea o una norma con rango de ley.

10. c) Tratamiento necesario para fines de medicina preventiva o laboral, evaluación de la capacidad laboral del trabajador, diagnóstico médico, prestación de asistencia o tratamiento de tipo sanitario o social, o gestión de los sistemas y servicios de asistencia sanitaria y social.

11. a) Adaptar el ordenamiento jurídico español al Reglamento General de Protección de Datos y completar sus disposiciones.

12. c) 18.4.

13. d) Las categorías de datos objeto de tratamiento.

14. c) 14 años.

15. d) Requiere que el tratamiento se efectúe por medios automatizados.

16. d) Podrán ejercerse directamente o por medio de representante legal o voluntario.

17. a) Sobre el responsable del tratamiento.

18. c) Los medios deberán ser fácilmente accesibles para el afectado.

19. a) Los demás interesados afectados por las decisiones.

20. c) Una declaración adicional.

TEST N.º 5

Ley 16/2003 de 28 de mayo, de Cohesión y Calidad del Sistema Nacional de Salud: De las prestaciones (Capítulo I). De los profesionales (Capítulo III)

1. Se consideran prestaciones de atención sanitaria del Sistema Nacional de Salud:

a) Los servicios o conjunto de servicios diagnósticos dirigidos a los ciudadanos.
b) Los servicios o conjunto de servicios rehabilitadores y de promoción y mantenimiento de la salud dirigidos a los ciudadanos.
c) Los servicios o conjunto de servicios preventivos dirigidos a los ciudadanos.
d) Todas las respuestas son correctas.

2. Con qué frecuencia realiza el Ministerio de Salud una evaluación de los costes de aplicación de la cartera común de servicios del Sistema Nacional de Salud:

a) Semestralmente.
b) Anualmente.
c) Cada dos años.
d) Cada cuatro años.

3. Quién aprueba la inclusión de servicios accesorios, los importes máximos de financiación y los coeficientes de corrección a aplicar para determinar la facturación definitiva a los servicios autonómicos de salud por parte de los proveedores, así como las modalidades de aportación o reembolso aplicables en cada caso:

a) La persona titular del Ministerio de Sanidad.
b) El Consejo Interterritorial del Sistema Nacional de Salud.
c) La Comisión de prestaciones, aseguramiento y financiación.
d) Las Comunidades Autónomas.

4. La atención primaria comprende:

a) La hospitalización en régimen de internamiento.
b) La asistencia especializada en consultas.

c) Las actividades de información y vigilancia en la protección de la salud.
d) Todas las respuestas son correctas.

5. El contenido de la cartera común de servicios del Sistema Nacional de Salud se determinará por acuerdo del Consejo Interterritorial del Sistema Nacional de Salud, a propuesta de:

a) Las Comunidades Autónomas.
b) La Comisión de financiación.
c) La persona titular del Ministerio de Sanidad.
d) La Comisión de prestaciones, aseguramiento y financiación.

6. Señala la respuesta incorrecta:

a) El Ministerio de Sanidad, por propia iniciativa o a propuesta de las correspondientes Administraciones públicas sanitarias y previo acuerdo del Consejo Interterritorial del Sistema Nacional de Salud, podrá autorizar el uso tutelado de determinadas técnicas, tecnologías o procedimientos.
b) La cartera común de servicios del Sistema Nacional de Salud se actualizará mediante orden de la persona titular del Ministerio de Sanidad, previo acuerdo del Consejo Interterritorial del Sistema Nacional de Salud.
c) Se garantizará a todos los usuarios el acceso a aquellos servicios que sean considerados como servicios de referencia de acuerdo con el artículo 28 de la Ley 16/2003, de 28 de mayo.
d) En el seno de la Comisión de prestaciones, aseguramiento y financiación se acordarán los criterios marco para garantizar un tiempo máximo de acceso a las prestaciones del Sistema Nacional de Salud, que se aprobarán mediante real decreto.

7. Todos los usuarios del Sistema Nacional de Salud tendrán acceso a las prestaciones sanitarias reconocidas en la ley 16/2003 de 28 de mayo, de Cohesión y Calidad del Sistema Nacional de Salud en condiciones de:

a) Igualdad real.
b) Igualdad plena.
c) Igualdad efectiva.
d) Igualdad absoluta.

8. Señala una de las prestaciones incluidas en la cartera común suplementaria del Sistema Nacional de Salud:

a) La prestación ortoprotésica.
b) La prestación con productos dietéticos.
c) La prestación farmacéutica.
d) Todas las respuestas son correctas.

9. Señala la respuesta incorrecta respecto a las prestaciones sanitarias del Sistema Nacional de Salud:

a) Las comunidades autónomas asumirán, con cargo a sus propios presupuestos, todos los costes de aplicación de la cartera de servicios complementaria a las personas que tengan la condición de asegurado o de beneficiario del mismo.

b) Únicamente se facilitarán por el personal legalmente habilitado, en centros y servicios, propios o concertados, del Sistema Nacional de Salud.

c) El Consejo Interterritorial del Sistema Nacional de Salud podrá emitir recomendaciones sobre el establecimiento por parte de las comunidades autónomas de prestaciones sanitarias complementarias a las prestaciones comunes del Sistema Nacional de Salud.

d) Las comunidades autónomas podrán incorporar en sus carteras de servicios una técnica, tecnología o procedimiento no contemplado en la cartera común de servicios del Sistema Nacional de Salud, estableciendo para ello los recursos adicionales necesarios.

10. La atención sanitaria especializada comprende:

a) La indicación o prescripción, y la realización, en su caso, de procedimientos diagnósticos y terapéuticos.

b) La atención a la salud bucodental.

c) La rehabilitación básica.

d) Todas las respuestas son correctas.

11. En el ámbito sanitario, la atención sociosanitaria se llevará a cabo en los niveles de atención que cada comunidad autónoma determine y en cualquier caso comprenderá:

a) La atención sanitaria a la convalecencia.

b) La rehabilitación en pacientes con déficit funcional recuperable.

c) Los cuidados sanitarios de larga duración.

d) Todas las respuestas son correctas.

12. La prestación de atención de urgencia se dispensará tanto en centros sanitarios como fuera de ellos, incluyendo el domicilio del paciente, mediante la atención médica y de enfermería, durante:

a) La jornada de mañana de lunes a viernes.

b) La jornada de tarde de lunes a viernes.

c) La jornada de mañana y tarde de lunes a viernes.

d) Las 24 horas del día.

13. Qué tipo de prestación consiste en la utilización de productos sanitarios, implantables o no, cuya finalidad es sustituir total o parcialmente una estructura corporal, o bien de modificar, corregir o facilitar su función:

a) La prestación farmacéutica.
b) La prestación de atención para la movilidad funcional.
c) La prestación ortoprotésica.
d) La prestación de atención de urgencia.

14. Qué prestación comprende la dispensación de los tratamientos dietoterápicos a las personas que padezcan determinados trastornos metabólicos congénitos, la nutrición enteral domiciliaria para pacientes a los que no es posible cubrir sus necesidades nutricionales, a causa de su situación clínica, con alimentos de uso ordinario:

a) La prestación de productos alimenticios.
b) La prestación de productos dietéticos.
c) La prestación de productos nutricionales.
d) La prestación de productos básicos.

15. Qué tipo de prestación consiste en el desplazamiento de enfermos por causas exclusivamente clínicas, cuya situación les impida desplazarse en los medios ordinarios de transporte:

a) La prestación para la movilidad.
b) La prestación de ambulancia.
c) La prestación de transporte público.
d) La prestación de transporte sanitario.

16. Cuándo se llevará a cabo la exclusión de una técnica, tecnología o procedimiento actualmente incluido en la cartera de servicios:

a) Cuando deje de cumplir los requisitos establecidos por la legislación vigente.
b) Cuando se evidencie su falta de eficacia, efectividad o eficiencia, o que el balance entre beneficio y riesgo sea significativamente desfavorable.
c) Cuando haya perdido su interés sanitario como consecuencia del desarrollo tecnológico y científico.
d) Todas las respuestas son correctas.

17. Quién acuerda la designación de servicios de referencia, el número necesario de éstos y su ubicación estratégica dentro del Sistema Nacional de Salud:

a) El Ministerio de Sanidad.
b) El Consejo Interterritorial del Sistema Nacional de Salud.
c) La Comisión de prestaciones, aseguramiento y financiación.
d) Las Comunidades Autónomas.

18. Quién desarrolla, sin perjuicio de las competencias de las comunidades autónomas, las actividades de planificación, diseño de programas de formación y modernización de los recursos humanos del Sistema Nacional de Salud y define los criterios básicos de evaluación de las competencias de los profesionales sanitarios:

a) La persona titular del Ministerio de Sanidad.
b) El Consejo Interterritorial del Sistema Nacional de Salud.
c) La Comisión de Recursos Humanos del Sistema Nacional de Salud.
d) La Comisión de prestaciones, aseguramiento y financiación.

19. Quién preside la Comisión de Recursos Humanos del Sistema Nacional de Salud:

a) La persona titular del Ministro de Sanidad.
b) La persona titular de la Secretaría de Estado de Seguridad.
c) La persona titular de la Dirección General de Salud Pública.
d) La persona titular de la Secretaría General de Salud Digital, Información e Innovación del SNS.

20. Quién supervisa los programas de formación de postgrado especializada, propuestos por las comisiones nacionales correspondientes, así como el número de profesionales necesarios en cada convocatoria:

a) La Dirección General de Ordenación Profesional.
b) El Instituto Nacional de Gestión Sanitaria.
c) La Comisión de Recursos Humanos.
d) La Agencia de Calidad.

En MADTEST tienes **más preguntas de este tema**, y todos tus avances quedan registrados y se reflejan en el ranking.

¡Supera tus límites con MADTEST!

Solución al test n.º 5

1. d) Todas las respuestas son correctas.

2. b) Anualmente.

3. a) La persona titular del Ministerio de Sanidad.

4. c) Las actividades de información y vigilancia en la protección de la salud.

5. d) La Comisión de prestaciones, aseguramiento y financiación.

6. d) En el seno de la Comisión de prestaciones, aseguramiento y financiación se acordarán los criterios marco para garantizar un tiempo máximo de acceso a las prestaciones del Sistema Nacional de Salud, que se aprobarán mediante real decreto.

7. c) Igualdad efectiva.

8. d) Todas las respuestas son correctas.

9. b) Únicamente se facilitarán por el personal legalmente habilitado, en centros y servicios, propios o concertados, del Sistema Nacional de Salud.

10. a) La indicación o prescripción, y la realización, en su caso, de procedimientos diagnósticos y terapéuticos.

11. d) Todas las respuestas son correctas.

12. d) Las 24 horas del día.

13. c) La prestación ortoprotésica.

14. b) La prestación de productos dietéticos.

15. d) La prestación de transporte sanitario.

16. d) Todas las respuestas son correctas.

17. b) El Consejo Interterritorial del Sistema Nacional de Salud.

18. c) La Comisión de Recursos Humanos del Sistema Nacional de Salud.

19. a) La persona titular del Ministro de Sanidad.

20. c) La Comisión de Recursos Humanos.

TEST N.º 6

Ley 55/2003, de 16 de diciembre, del Estatuto Marco del Personal Estatutario de los Servicios de Salud: objeto y ámbito de aplicación; clasificación de personal estatutario; derechos y deberes; situaciones; incompatibilidades; régimen disciplinario. Decreto 72/2013, de 11 de septiembre, por el que se aprueba el Reglamento de jornada, horario, vacaciones y permisos de los funcionarios de la Administración del Principado de Asturias, sus organismos y entes públicos (Capítulos I a VI ambos incluidos)

1. El Estatuto Marco clasifica al personal estatutario de los servicios de salud, atendiendo a la función desarrollada, al nivel del título exigido para el ingreso y al tipo de su nombramiento en:

a) Personal estatutario sanitario y personal estatutario de gestión y servicios.
b) Personal estatutario facultativo, personal estatutario sanitario y personal no sanitario.
c) Personal estatutario de gestión y servicios y personal estatutario facultativo.
d) Todas las respuestas son correctas.

2. El personal estatutario con nombramiento expedido para el ejercicio de una profesión o especialidad sanitaria se denomina:

a) Personal sanitario.
b) Otro personal.
c) Personal de mantenimiento.
d) Personal de gestión y servicios.

3. El personal estatutario con nombramiento expedido para el desempeño de funciones de gestión o para el desempeño de profesiones u oficios que no tengan carácter sanitario se denomina:

a) Personal universitario.
b) Personal de gestión y servicios.
c) Personal directivo.
d) Personal administrativo.

4. Según establece el art. 8 de la Ley 55/2003, de 16 de diciembre, del Estatuto Marco de los Servicios de Salud, es personal estatutario fijo:

a) El que, una vez superado el correspondiente proceso selectivo, obtiene un nombramiento para el desempeño, con carácter permanente, de las funciones que de tal nombramiento se deriven.

b) Todo el personal al servicio de los Servicios de Salud.

c) El personal que realice una prestación de servicios determinados de naturaleza temporal, coyuntural o extraordinaria.

d) El personal en posesión de un contrato laboral indefinido.

5. Conforme al artículo 9.1 del Estatuto Marco (*en redacción dada por el Real Decreto-ley 12/2022, de 5 de julio, por el que se modifica la Ley 55/2003, de 16 de diciembre, del Estatuto Marco del personal estatutario de los servicios de salud*) los nombramientos del Personal Estatutario Temporal de los Servicios de Salud serán:

a) Únicamente de Personal Estatutario Sanitario.

b) Personal Estatutario Contratado.

c) De interinidad.

d) Como Personal Laboral.

6. Conforme al artículo 6.2 de la Ley 55/2003, de 16 de diciembre, del Estatuto Marco del personal estatutario de los servicios de salud, atendiendo al nivel académico del título exigido para el ingreso, el personal estatutario sanitario de formación profesional se divide en:

a) Técnicos sanitarios y Auxiliares de Enfermería.

b) Técnicos superiores y Técnicos.

c) Técnicos superiores y Técnicos de gestión.

d) Técnicos especialistas y Técnicos.

7. La categoría profesional de Celador está comprendida dentro del grupo de:

a) Personal de gestión y servicios.

b) Personal no estatutario.

c) Personal estatutario sanitario.

d) Personal estatutario de formación profesional.

8. Es personal Estatutario Sanitario:

a) El que ejerce una profesión o especialidad sanitaria.

b) El que ostenta esta condición en virtud de nombramiento expedido para el ejercicio de una profesión o especialización sanitaria.

c) El que desempeña una categoría clasificada como sanitaria.

d) Quien ejerza una profesión sanitaria sin ostentar la condición de funcionario.

9. El personal Estatutario de Gestión y Servicio se clasifica en función del título exigido para el ingreso en:

a) Personal de formación universitaria, personal de formación profesional y otro personal.
b) Personal universitario, personal de formación profesional y personal subalterno.
c) Personal licenciado universitario, personal de administración y personal auxiliar.
d) Ninguna es correcta.

10. En el supuesto de existencia de plaza vacante, son estatutarios interinos los que, por razones expresamente justificadas de necesidad y urgencia, son nombrados como tales con carácter temporal para el desempeño de funciones propias de estatutarios, cuando no sea posible su cobertura por personal estatutario fijo, durante un plazo máximo de:

a) Dos años.
b) Tres años.
c) Cuatros años.
d) Seis años.

11. El incumplimiento del plazo máximo de permanencia dará lugar a una compensación económica para el personal estatutario temporal afectado, que será equivalente a:

a) Veinte días de sus retribuciones fijas por año de servicio.
b) Veinte días de su sueldo, más trienios y complemento de destino por año de servicio.
c) Veinte días de todas sus retribuciones por año de servicio.
d) Veinte días de su sueldo por año de servicio.

12. El objetivo de constituir un ámbito de diálogo e información de carácter laboral, así como de promover el desarrollo armónico de los recursos humanos del Sistema Nacional de Salud, se articula a través de:

a) El Consejo Interterritorial del Sistema Nacional de Salud.
b) La Comisión de Recursos Humanos del Sistema Nacional de Salud.
c) La Consejería de Salud de la correspondiente Comunidad Autónoma.
d) El Foro Marco para el Diálogo Social.

13. No constituye un derecho individual del personal estatutario:

a) La estabilidad en el empleo.
b) La movilidad voluntaria.
c) El descanso necesario.
d) La negociación colectiva.

14. El régimen de derechos del personal estatutario será aplicable al personal temporal:

a) En la medida en que la naturaleza del derecho lo permita.
b) En todo caso.

c) En ningún caso.

d) Solo cuando así se establezca en su nombramiento.

15. En relación con los derechos y deberes regulados en el Estatuto Marco, no se considera un derecho colectivo:

a) La huelga.

b) La actividad sindical.

c) La reunión.

d) La estabilidad en el empleo.

16. Para poder obtener la excedencia voluntaria por interés particular es necesario haber prestado servicios efectivos en cualquiera de las Administraciones Públicas durante:

a) Los cinco años inmediatamente anteriores.

b) Los cuatro años inmediatamente anteriores.

c) El año inmediatamente anterior.

d) No se exige periodo mínimo de prestación efectiva de servicios.

17. ¿Qué tiempo máximo puede estar un trabajador en una situación de suspensión de funciones por sanción disciplinaria?

a) 6 años.

b) 1 mes.

c) 1 año.

d) 5 años.

18. En el Estatuto Marco se establece que el personal estatutario en comisión de servicios percibirá las retribuciones:

a) Correspondientes a las funciones especiales que realice en el puesto de destino.

b) De su plaza o puesto de origen.

c) Proporcional a cada Centro.

d) Correspondientes a la plaza o puesto efectivamente desempeñado, salvo que sean inferiores a las que correspondan por la plaza de origen, en cuyo caso se percibirán estas.

19. Según el Estatuto Marco entre las situaciones administrativas del personal estatutario puede estar:

a) Servicio preferente en otra Comunidad Autónoma.

b) En régimen de cesión en la Administración General de Estado.

c) Destacado en los Servicios provinciales de las Delegaciones de Hacienda.

d) Suspensión de funciones.

20. Según establece la Ley 55/2003, de 16 de diciembre, del Estatuto Marco del personal estatutario de los servicios de salud es falta muy grave:

a) La falta de obediencia debida a los superiores.

b) El descuido en el cumplimiento de las disposiciones expresas sobre seguridad y salud.

c) La aceptación de cualquier tipo de contraprestación por los servicios prestados a los usuarios de los servicios de salud.

d) La falta de asistencia durante más de cinco días continuados sin autorización ni causa justificada.

En MADTEST tienes **más preguntas de este tema**, y todos tus avances quedan registrados y se reflejan en el ranking.

¡Supera tus límites con MADTEST!

Solución al test n.º 6

1. a) Personal estatutario sanitario y personal estatutario de gestión y servicios.

2. a) Personal sanitario.

3. b) Personal de gestión y servicios.

4. a) El que, una vez superado el correspondiente proceso selectivo, obtiene un nombramiento para el desempeño, con carácter permanente, de las funciones que de tal nombramiento se deriven.

5. c) De interinidad.

6. b) Técnicos superiores y Técnicos.

7. a) Personal de gestión y servicios.

8. b) El que ostenta esta condición en virtud de nombramiento expedido para el ejercicio de una profesión o especialización sanitaria.

9. a) Personal de formación universitaria, personal de formación personal y otro personal.

10. b) Tres años.

11. a) Veinte días de sus retribuciones fijas por año de servicio.

12. d) El Foro Marco para el Diálogo Social.

13. d) La negociación colectiva.

14. a) En la medida en que la naturaleza del derecho lo permita.

15. d) La estabilidad en el empleo.

16. a) Los cinco años inmediatamente anteriores.

17. a) 6 años.

18. d) Correspondientes a la plaza o puesto efectivamente desempeñado, salvo que sean inferiores a las que correspondan por la plaza de origen, en cuyo caso se percibirán estas.

19. d) Suspensión de funciones.

20. d) La falta de asistencia durante más de cinco días continuados sin autorización ni causa justificada.

TEST N.º 7

Ley 7/2019, de 29 de marzo, de Salud. Estructura orgánica y funcionamiento (Sección Primera, Capítulo Dos del Título IX). Organización territorial del Servicio de Salud del Principado de Asturias (Capítulo III del Decreto 189/2023, de 15 de septiembre, por el que se establece la estructura orgánica básica de los órganos de dirección y gestión del Servicio de Salud del Principado de Asturias)

1. El Sespa es:

a) Un organismo autónomo.
b) Un Ente de Derecho Público.
c) Una Fundación.
d) Un Ente de Derecho Público dotado de personalidad jurídica plena.

2. El principal instrumento de planificación territorial sanitaria de la Comunidad Autónoma asturiana para la correcta asignación de los recursos, incluyendo la sectorización de los servicios, es:

a) Los distritos de Salud.
b) Las Áreas sanitarias.
c) El Mapa sanitario.
d) Zonas Especiales de salud.

3. El Sistema Sanitario del Principado de Asturias se ordena en demarcaciones territoriales denominadas:

a) Zonas Básicas de Salud.
b) Las Áreas sanitarias.
c) Áreas de Salud.
d) Los distritos de Salud.

4. ¿Cuándo pueden constituirse Zonas Especiales de Salud en Asturias?

a) Cuando no existan Áreas de Salud.
b) Cuando concurran singulares condiciones socioeconómicas, demográficas y de comunicaciones.
c) Cuando además del equipo de atención primaria coexistan en la zona equipos de atención especializada.
d) Cuando no se aconseje constituir Distritos de Salud.

5. ¿Quién asume la presidencia del Consejo de Administración del Servicio de Salud del Principado de Asturias?

a) El Director Gerente.
b) El Secretario General.
c) El Consejero competente en materia de sanidad.
d) Ninguna es correcta.

6. ¿Cuántos Vocales designados por las Consejerías competentes en materia de función pública y en materia económica y presupuestaria componen el Consejo de Administración del Sespa?

a) Cuatro.
b) Tres.
c) Dos.
d) Uno.

7. La Memoria Anual del Sespa la aprueba:

a) El Consejero competente en materia de Sanidad.
b) La Dirección Gerencia.
c) El Consejo de Dirección.
d) El Consejo de Administración.

8. ¿Quién ostenta la representación legal del Sespa en todo tipo de actuaciones judiciales y extrajudiciales?

a) El Consejo de Administración.
b) La Dirección Gerencia.
c) El Consejo de Dirección.
d) El Consejo de Salud de Zona.

9. El órgano de participación comunitaria en el Área de Salud se denomina:

a) Consejo de Salud de Zona.
b) Gerencia del Área de Salud.

c) Consejo de Dirección.
d) Consejo de Salud de Área.

10. ¿Qué órgano es el encargado de nombrar al personal estatutario y contratar al personal laboral del Sespa?

a) El Consejo de Dirección.
b) El Director Gerente.
c) El Consejo de Administración.
d) El consejero competente en materia de Sanidad.

11. ¿A quién le corresponde la promoción de protocolos de actuación que garanticen la máxima eficacia y eficiencia ante problemas relevantes de salud de la población?

a) A la Dirección de atención y evaluación sanitaria.
b) A la Dirección de Profesionales.
c) A la Dirección Económico-financiera y de infraestructuras.
d) A la Dirección de Coordinación, Resultados en Salud y Comunicación.

12. La Unidad de Coordinación del Programa Marco de Atención a Urgencias y Emergencias Sanitarias, se adscribe a:

a) La Dirección de Profesionales.
b) La Dirección Económico-financiera y de infraestructuras.
c) La Dirección de Coordinación, Resultados en Salud y Comunicación.
d) La Dirección de atención y evaluación sanitaria.

13. Subdirección de Organización de Servicios Sanitarios asume la función de:

a) Seguimiento de la implantación de los planes de cuidados.
b) Coordinación y desarrollo de los planes y estrategias de cuidados en el conjunto de centros y unidades del Sespa.
c) Desarrollo y aplicación de medidas de promoción de la salud.
d) Coordinación, evaluación y control de las actividades asistenciales de las Áreas de Salud.

14. La función de instruir los procedimientos disciplinarios al personal de las instituciones y centros sanitarios públicos dependientes del Sespa corresponde:

a) A la Dirección de profesionales.
b) A la Subdirección de Organización de Servicios Sanitarios.
c) Al Servicio de Inspección.
d) A la Subdirección de Organización de Servicios Sanitarios.

15. Indique la opción correcta en relación a la Dirección de Profesionales:

a) Tiene como función la gestión de la prestación farmacéutica de las Áreas de Salud.

b) Le corresponde elaborar los criterios y especificaciones técnicas para incorporar y adquirir medicamentos.

c) De esta Dirección depende la Subdirección de Profesionales.

d) La identificación de propuestas orientadas a optimizar la gestión y funcionamiento de las instalaciones que integran el Sespa.

16. La Unidad de Selección de Personal se configura en:

a) La Subdirección de Evaluación y Planificación de Recursos Humanos.

b) La Unidad de Costes y Sistemas de Información de Personal.

c) El Servicio de Inspección.

d) Oficina de Coordinación de Prevención de Riesgos Laborales y Salud Laboral.

17. Corresponde a la Dirección de Gestión Económico-Financiera y de Infraestructuras las siguientes funciones:

a) La aplicación, en el ámbito del Sespa, de las políticas económico-financieras y de aprovisionamiento y distribución de bienes y servicios necesarios para la actividad de atención sanitaria.

b) El asesoramiento a la Dirección Gerencia en la elaboración del anteproyecto de presupuesto y modificaciones presupuestarias del Sespa.

c) El control, seguimiento y evaluación de la ejecución del presupuesto del Sespa.

d) Todas son correctas.

18. La Dirección Económico-Financiera y de Infraestructuras se estructura en la unidad de:

a) Subdirección de Gestión.

b) Oficina de Coordinación de Prevención de Riesgos Laborales y Salud Laboral.

c) Unidad de Costes y Sistemas de Información de Personal.

d) Ninguna es correcta.

19. La coordinación en materia de prevención de riesgos laborales en el ámbito del Sespa, sin perjuicio de las competencias atribuidas a otros organismos, es una competencia de:

a) Unidad de Selección de Personal.

b) Subdirección de Evaluación y Planificación de Recursos Humanos.

c) Subdirección de Profesionales.

d) Oficina de Coordinación de Prevención de Riesgos Laborales y Salud Laboral.

20. Indique cuál de las siguientes funciones corresponde a la Dirección de Gestión Económico-Financiera y de Infraestructuras:

a) La definición funcional, explotación y control de los sistemas de información necesarios para el ejercicio de sus funciones.

b) El establecimiento de los criterios del aprovisionamiento y gestión logística del Sespa y de las líneas generales de compras de suministros y servicios en el ámbito de su competencia.

c) El impulso y coordinación de las acciones de implantación de sistemas de información que resulten derivados de la planificación estratégica definida por la Consejería.

d) Todas son correctas.

En MADTEST tienes **más preguntas de este tema**, y todos tus avances quedan registrados y se reflejan en el ranking.

¡Supera tus límites con MADTEST!

Solución al test n.º 7

1. b) Un Ente de Derecho Público.

2. c) El Mapa sanitario.

3. c) Áreas de Salud.

4. b) Cuando concurran singulares condiciones socioeconómicas, demográficas y de comunicaciones.

5. c) El Consejero competente en materia de sanidad.

6. c) Dos.

7. d) El Consejo de Administración.

8. b) La Dirección Gerencia.

9. d) Consejo de Salud de Área.

10. b) El Director Gerente.

11. a) A la Dirección de atención y evaluación sanitaria.

12. d) La Dirección de atención y evaluación sanitaria.

13. d) Coordinación, evaluación y control de las actividades asistenciales de las Áreas de Salud.

14. c) Al Servicio de Inspección.

15. c) De esta Dirección depende la Subdirección de Profesionales.

16. a) La Subdirección de Evaluación y Planificación de Recursos Humanos.

17. d) Todas son correctas.

18. a) Subdirección de Gestión.

19. d) Oficina de Coordinación de Prevención de Riesgos Laborales y Salud Laboral.

20. d) Todas son correctas.

TEST N.º 8

Ley Orgánica 7/1981, de 30 de diciembre, de Estatuto de Autonomía para Asturias: Título Preliminar; De los órganos institucionales del Principado de Asturias (Título II)

1. La Comunidad Autónoma del Principado de Asturias se constituyó a través de la vía:

a) Del artículo 151 CE.
b) Del artículo 155 CE.
c) De la Ley Orgánica 1/99.
d) Del artículo 143 CE.

2. Indica la respuesta correcta respecto a las siguientes afirmaciones que se regulan en el Estatuto de Autonomía del Principado de Asturias:

a) El término del Concejo coincide con la tradicional Parroquia rural.
b) Todas las instituciones oficiales del Principado de Asturias se encuentran en Oviedo.
c) El himno de la Comunidad Autónoma del Principado de Asturias es la canción "Asturias, Patria querida".
d) El Bable es el idioma oficial del Principado de Asturias.

3. El municipio asturiano coincide con la denominación tradicional de:

a) Parroquia.
b) Área metropolitana.
c) Comarca.
d) Concejo.

4. Según el Estatuto de Autonomía de Asturias, gozan de la condición política de asturianos:

a) Cualquiera que tenga vecindad en alguno de los Concejos de Asturias.
b) Los nacidos en Asturias, cualquiera que sea el lugar donde residan.
c) Los ciudadanos españoles que tengan vecindad administrativa en el territorio de la Comunidad.
d) Quienes hayan nacido en Asturias y acrediten esta condición en cualquier Administración Pública de España.

5. Conforme al Estatuto de Autonomía del Principado de Asturias, las disposiciones del Consejo de Gobierno que contienen legislación delegada reciben el título de:

a) Decretos legislativos.
b) Decretos Leyes.
c) Leyes orgánicas.
d) Reglamentos.

6. La Junta General del Principado de Asturias podrá delegar en el Consejo de Gobierno la potestad de:

a) Aprobar las leyes presupuestarias.
b) Dictar leyes y Acuerdos, siempre que estos requieran para su aprobación de mayoría cualificada.
c) Dictar Acuerdos pero no leyes.
d) Dictar normas con rango de ley.

7. La delegación legislativa que realice la Junta General del Principado de Asturias será siempre en favor de:

a) Su Consejo de Gobierno.
b) Su Presidente.
c) Cualquier autoridad de la Comunidad Autónoma.
d) Cualquiera de los miembros que la componen.

8. Según el Estatuto de Autonomía de Asturias, la delegación legislativa cuyo objeto sea la formación de textos articulados deberá otorgarse mediante:

a) Decreto legislativo.
b) Ley de bases.
c) Ley ordinaria.
d) Cualquier disposición, sin forma concreta.

9. Y cuando la delegación legislativa trate de refundir varios textos legales en uno solo, se hará mediante:

a) Acuerdo.
b) Ley de bases.
c) Ley ordinaria.
d) Decreto legislativo.

10. La facultad para oponerse a la tramitación por la Junta General del Principado de Asturias de una proposición de ley o una enmienda contraria a una delegación legislativa en vigor, corresponde:

a) Al Presidente del Principado de Asturias.
b) Al Consejo de Gobierno.

c) A la Junta de Gobierno.
d) Al Presidente y a la Junta de Gobierno, según los casos.

11. Según el Estatuto de Autonomía del Principado de Asturias, el número de miembros que componen la Junta General será de:

a) Entre 35 y 45.
b) Entre 39 y 41.
c) 30.
d) 45 más dos por cada circunscripción electoral.

12. La disolución anticipada al término natural de la legislatura de la Junta General será acordada por Decreto que dicte:

a) El Presidente de la Mesa de la Cámara.
b) El Consejo de Gobierno, por mayoría de dos tercios de sus miembros.
c) El Presidente del Principado de Asturias.
d) La propia Junta General.

13. Señala la respuesta incorrecta respecto al momento en el que no se podrá acordar por Decreto la disolución de la Junta General del Principado de Asturias:

a) Durante el primer período de sesiones de la legislatura.
b) Si se encuentra en tramitación una cuestión de confianza.
c) Cuando reste menos de un año para la terminación de la legislatura.
d) Antes de que transcurra el plazo de un año desde la última disolución.

14. Por regla general, las elecciones convocadas por el Presidente del Principado de Asturias se celebran:

a) Siempre el cuarto domingo de mayo de cada cuatro años.
b) Una vez, al menos, cada cuatro años.
c) Dentro de los quince días siguientes a la convocatoria de elecciones.
d) El cuarto domingo de mayo del año siguiente a la disolución de la Cámara.

15. ¿Cuántos periodos de sesiones ordinarias anuales celebra la Junta General del Principado de Asturias?

a) Tres.
b) Cuatro.
c) Dos.
d) Uno.

16. **¿A quiénes de los siguientes no se les reconoce estatutariamente legitimación para solicitar la celebración de una sesión extraordinaria de la Junta General de Asturias?**

a) Al Consejo de Gobierno.
b) Al Presidente del Principado de Asturias.
c) A la Diputación Permanente.
d) A la cuarta parte de sus miembros.

17. La Junta General del Principado funciona:

a) En Comisión permanente y en Comisión especial.
b) En Diputación permanente, especial y de Investigación.
c) En Pleno y en Diputación permanente o de investigación.
d) En Pleno y en Comisiones, sean permanentes o especiales.

18. **Cuando la Junta General del Principado no esté reunida o hubiere expirado su mandato, su actividad se encomienda a:**

a) La Mesa de la misma.
b) Su Consejo de Gobierno.
c) La Comisión Permanente.
d) La Diputación Permanente.

19. **Transcurrido el plazo de dos meses a partir de la constitución de la Junta General del Principado de Asturias sin que ningún candidato a Presidente hubiera sido elegido:**

a) Se nombrará provisionalmente al que haya obtenido más votos.
b) Se disolverá la Cámara y se convocarán nuevas elecciones.
c) Se celebrará nueva votación en el que se elegirá al que obtenga mayoría simple.
d) Se designará al miembro más antiguo de la Cámara.

20. No es función del Presidente del Principado de Asturias:

a) Ser Presidente del Consejo de Gobierno.
b) Ostentar la representación ordinaria del Estado en la Comunidad Autónoma.
c) Designar y separar a los consejeros.
d) Ejercitar la iniciativa legislativa.

En MADTEST tienes **más preguntas de este tema**, y todos tus avances quedan registrados y se reflejan en el ranking.

¡Supera tus límites con MADTEST!

Solución al test n.º 8

1. d) Del artículo 143 CE.

2. c) El himno de la Comunidad Autónoma del Principado de Asturias es la canción "Asturias, Patria querida".

3. d) Concejo.

4. c) Los ciudadanos españoles que tengan vecindad administrativa en el territorio de la Comunidad.

5. a) Decretos legislativos.

6. d) Dictar normas con rango de ley.

7. a) Su Consejo de Gobierno.

8. b) Ley de bases.

9. c) Ley ordinaria.

10. b) Al Consejo de Gobierno.

11. a) Entre 35 y 45.

12. c) El Presidente del Principado de Asturias.

13. b) Si se encuentra en tramitación una cuestión de confianza.

14. b) Una vez, al menos, cada cuatro años.

15. c) Dos.

16. b) Al Presidente del Principado de Asturias.

17. d) En Pleno y en Comisiones, sean permanentes o especiales.

18. d) La Diputación Permanente.

19. b) Se disolverá la Cámara y se convocarán nuevas elecciones.

20. d) Ejercitar la iniciativa legislativa.

Ley 2/2011, de 11 de marzo, para la igualdad efectiva de mujeres y hombres y la erradicación de la violencia de género. Título Preliminar: objeto, ámbito de aplicación y conceptos; La integración del principio de igualdad entre mujeres y hombres en la salud (Artículo 20); Igualdad en el empleo público (Capítulo II-Título III)

1. ¿En qué artículo constitucional se proclama el derecho a la igualdad?

a) 1.
b) 14.
c) 23.
d) 43.

2. El objeto de la Ley 2/2011 lo constituye:

a) Remover los obstáculos para que la libertad y la igualdad del individuo y de los grupos en que se integra sean efectivas y reales.
b) Reforzar e impulsar la estrategia del enfoque integrado de género.
c) Garantizar la efectiva igualdad de derechos, trato y oportunidades entre mujeres y hombres.
d) Todas las anteriores.

3. La Ley promueve la presencia equilibrada de mujeres y hombres:

a) En el ámbito público exclusivamente.
b) En las relaciones sociales.
c) En los ámbitos tanto público como privado.
d) En las personas jurídicas y entidades siempre que cuenten con participación pública.

4. La Ley aboga por que el principio de igualdad de trato y de oportunidades se aplique de forma:

a) Solidaria.
b) Transversal.

c) Coordinada.
d) Empoderada.

5. La ausencia de toda discriminación por razón de sexo, y, especialmente, las derivadas de la maternidad, la asunción de obligaciones familiares y el estado civil es lo que se denomina

a) Discriminación directa.
b) Discriminación positiva.
c) Discriminación indirecta.
d) Igualdad de trato.

6. Se considera "acoso por razón de sexo":

a) La violencia como manifestación de la discriminación, la situación de desigualdad y las relaciones de poder de los hombres sobre las mujeres.
b) La discriminación, directa o indirecta, por razón de sexo, especialmente, derivada de la maternidad, la asunción de obligaciones familiares y el estado civil.
c) El comportamiento realizado en función del sexo de una persona, con el propósito de atentar contra su dignidad.
d) Cualquiera de las situaciones anteriores.

7. Se denomina "integración del principio de igualdad entre mujeres y hombres en la salud":

a) Al mantenimiento y mejora del nivel de salud de mujeres y hombres promoviendo la desaparición de las desigualdades de género en el campo de la salud.
b) Al derecho a la información referente al lugar de prestación de los servicios de atención, emergencia, apoyo y recuperación integral.
c) Al reconocimiento del derecho a la atención, emergencia, apoyo y acogida y recuperación integral de las mujeres víctimas de violencia de género.
d) A la defensa y representación gratuitas por abogado y procurador en todos los procesos y procedimientos administrativos que tengan causa directa o indirecta en la violencia padecida.

8. ¿Qué medidas prevé la Ley para la detección, atención y apoyo a las mujeres víctimas de violencia de género?

a) La asistencia de la Policía Judicial.
b) La Elaboración de protocolos de atención y coordinación.
c) La tipicidad de delitos en el ámbito preventivo.
d) La prestación de medidas de carácter económico.

9. Para garantizar la igualdad en el empleo público, se prevé legalmente que la Administración del Principado de Asturias:

a) Promueva la presencia equilibrada de mujeres y hombres en los órganos de selección y valoración.
b) Facilite la conciliación de la vida personal, familiar y laboral, con menoscabo de la promoción profesional.
c) Establezca medidas para potenciar cualquier discriminación retributiva, directa o indirecta, por razón de sexo.
d) Cualquiera de las anteriores.

10. ¿Qué órgano del Principado de Asturias corresponde la aprobación del Plan de Igualdad en la Administración?

a) A la persona titular de la Consejería competente en materia de políticas de Igualdad.
b) A la persona titular de la Consejería competente en materia de función pública.
c) Al Presidente del Principado de Asturias.
d) Al Consejo de Gobierno.

11. ¿Y quién se encarga de hacer la propuesta para su aprobación?

a) Unidad de Selección de Personal.
b) Subdirección de Evaluación y Planificación de Recursos Humanos.
c) Subdirección de Profesionales.
d) Oficina de Coordinación de Prevención de Riesgos Laborales y Salud Laboral.

12. ¿Y la evaluación de su cumplimiento?

a) El Instituto Asturiano de la Mujer.
b) La persona titular de la Consejería competente en materia de función pública.
c) La persona titular de la Consejería competente en materia de políticas de Igualdad.
d) Las personas a que se refieren las letras b y c, conjuntamente.

13. El eje "Cultura de la organización" del I Plan de Igualdad de la Administración del Principado de Asturias, contiene los objetivos a alcanzar para:

a) La visibilización de las desigualdades.
b) La presencia de la mujer en los centros de poder.
c) La implantación de sistemas de sistemas estratégicos transversales.
d) La integración del principio de igualdad.

14. La celebración de reuniones dentro del horario fijo de trabajo: de 9:00 a 14.00 horas es un objetivo recogido en el del I Plan de Igualdad de la Administración del Principado de Asturias dentro del eje dedicado a:

a) Los procesos de trabajo.
b) Las personas.

c) La cultura de la organización.
d) Ninguna es correcta.

15. La integración de la perspectiva de género en los procesos habituales de trabajo es un objetivo del I Plan de Igualdad recogido en el eje de:

a) Los procesos de trabajo.
b) La cultura de la organización.
c) Las medidas transversales.
d) Las personas.

16. ¿Cuál de los siguientes elementos puede ser causa de discriminación según el principio de igualdad de trato?

a) Nacionalidad.
b) Maternidad.
c) Nivel de estudios.
d) Lugar de residencia.

17. ¿Cuál es uno de los objetivos principales del Principado de Asturias en el ámbito de la salud?

a) Incrementar la inversión en tecnología sanitaria exclusivamente femenina.
b) Promover la desaparición de las desigualdades de género en la salud.
c) Garantizar atención médica solo para mujeres víctimas de violencia de género.
d) Priorizar enfermedades cardiovasculares en población masculina.

18. ¿Qué eje del I Plan de Igualdad se refiere a la integración del principio de igualdad en la cultura organizacional?

a) El eje de procesos de trabajo.
b) El eje de políticas públicas.
c) El eje de cultura de la organización.
d) El eje normativo.

19. ¿Qué herramienta se pondrá en marcha para facilitar la conciliación en el empleo público?

a) Reducción obligatoria de jornada para mujeres.
b) Un sistema de guarderías internas.
c) Una bolsa de horas para cubrir necesidades de conciliación.
d) Exención de guardias para el personal con hijos.

20. ¿Qué finalidad tiene el análisis de datos desagregados por sexo?

a) Reforzar las estadísticas nacionales exclusivamente.
b) Comprobar la eficiencia financiera de la Administración.
c) Conocer la situación diferenciada de mujeres y hombres.
d) Estudiar la natalidad y la fecundidad de la región.

En MADTEST tienes **más preguntas de este tema**, y todos tus avances quedan registrados y se reflejan en el ranking.

¡Supera tus límites con MADTEST!

Solución al test n.º 9

1. b) 14.

2. c) Garantizar la efectiva igualdad de derechos, trato y oportunidades entre mujeres y hombres.

3. c) En los ámbitos tanto público como privado.

4. b) Transversal.

5. d) Igualdad de trato.

6. c) El comportamiento realizado en función del sexo de una persona, con el propósito de atentar contra su dignidad.

7. a) Al mantenimiento y mejora del nivel de salud de mujeres y hombres promoviendo la desaparición de las desigualdades de género en el campo de la salud.

8. b) La Elaboración de protocolos de atención y coordinación.

9. a) Promueva la presencia equilibrada de mujeres y hombres en los órganos de selección y valoración.

10. d) Al Consejo de Gobierno.

11. d) Oficina de Coordinación de Prevención de Riesgos Laborales y Salud Laboral.

12. d) Las personas a que se refieren las letras b y c, conjuntamente.

13. d) La integración del principio de igualdad.

14. b) Las personas.

15. a) Los procesos de trabajo.

16. b) Maternidad.

17. b) Promover la desaparición de las desigualdades de género en la salud.

18. c) El eje de cultura de la organización.

19. c) Una bolsa de horas para cubrir necesidades de conciliación.

20. c) Conocer la situación diferenciada de mujeres y hombres.

TEST PARTE ESPECÍFICA

TEST N.º 10

Concepto de calidad en hostelería hospitalaria: calidad percibida por el usuario. Papel de los servicios de nutrición clínica y medicina preventiva en el proceso de calidad. Aportación del trabajo del pinche en el proceso de la calidad y seguridad alimentaria. Nociones básicas sobre Sistemas de Gestión de la Inocuidad alimentaria (ISO 22000:2018)

1. ¿Cómo se define la Salud, según la OMS?

a) Ausencia de enfermedad.
b) Bienestar físico y mental completo.
c) El estado de completo bienestar físico, mental y social.
d) Todas las respuestas son correctas.

2. ¿Quién se encarga, dentro del hospital, de la solicitud de las dietas, su reparto y la administración al enfermo en caso necesario?

a) El Médico.
b) El personal de enfermería.
c) El servicio de nutrición clínica.
d) El servicio de medicina preventiva.

3. ¿Qué otras acciones forman parte de la alimentación integral en hospitales?

a) Las necesidades alimenticias del paciente se satisfacen con un tipo de dieta determinado, prescrito por el personal de enfermería.
b) La definición de los platos que componen cada tipo de dieta para que cumpla unos requisitos nutritivos específicos es función del servicio de medicina preventiva.
c) La garantía de las condiciones higiénicas de los alimentos, de las instalaciones de cocina y de los sistemas de distribución y reparto la proporciona el servicio de medicina preventiva.
d) Todas las respuestas son correctas.

4. ¿Cuál de las siguientes es función del servicio de nutrición clínica?

a) Establecer las características nutritivas, energéticas y de textura correspondiente a los distintos tipos de dieta.
b) Realizar los reconocimientos médicos periódicos al personal.
c) Control de las condiciones higiénico-sanitarias de las instalaciones.
d) Todas las anteriores son funciones de este servicio.

5. ¿Cuál de las siguientes no es función del servicio de medicina preventiva?

a) Vigilancia de la salud.
b) Control microbiológico de los alimentos.
c) Información y formación de los trabajadores.
d) Control de la adquisición de alimentos.

6. ¿Qué objetivo tiene el control microbiológico de los alimentos?

a) Efectuar una compra de materia prima adecuada.
b) Prevenir la transmisión de toxiinfecciones alimentarias.
c) Conservar adecuadamente los alimentos.
d) Vigilar la salud de los trabajadores.

7. ¿Qué pretende conseguir la alimentación integral en hospitales?

a) La participación de todos los servicios.
b) La integración de los conocimientos del personal de distintas especialidades.
c) Dar al enfermo una alimentación adecuada a sus necesidades.
d) Todas las respuestas son correctas.

8. ¿Qué personal lleva a cabo la elaboración de menús?

a) Dietistas.
b) Enfermeras.
c) Personal médico.
d) Personal de cocina.

9. ¿Qué relación tiene la vigilancia de la salud del personal con la alimentación del paciente?

a) Las dos son función exclusiva del servicio de medicina preventiva.
b) Las dos son función del servicio de nutrición clínica.
c) Determinados problemas de salud son incompatibles con la manipulación de alimentos por el riesgo de contagio al paciente.
d) No tienen ninguna relación.

10. ¿Cómo se denomina la nutrición artificial por vía intravenosa?

a) Enteral.
b) Parenteral.
c) Oral.
d) Venal.

11. ¿Qué factores influyen en el paciente, para alcanzar el estado de salud?

a) Tratamiento médico.
b) Alimentación.
c) Atención personal recibida.
d) Todas las opciones son correctas.

12. ¿Qué afirmación es correcta?

a) La alimentación debe aportar los nutrientes esenciales.
b) La dieta debe tener siempre 2500 cal.
c) Los platos que componen la dieta de un enfermo deben ajustarse a sus gustos.
d) Las dietas terapéuticas no incluyen la prohibición de alimentos.

13. ¿Cuál de las siguientes afirmaciones no es correcta?

a) El médico puede prescribir una dieta como parte de un tratamiento.
b) La dieta debe satisfacer las necesidades alimenticias del paciente.
c) El servicio de nutrición clínica prescribirá las dietas terapéuticas.
d) El médico prescribirá las dietas terapéuticas.

14. ¿Quién definirá los platos que componen cada tipo de dieta?

a) El servicio de nutrición clínica.
b) El servicio de medicina preventiva.
c) El Médico.
d) El servicio de cocina.

15. ¿Qué respuesta es correcta?

a) El aporte calórico suele estar repartido en dos comidas: comida y cena.
b) El aporte calórico se reparte proporcionalmente entre las tres principales comidas.
c) El aporte calórico será fijo, y no depende del criterio del servicio de nutrición clínica.
d) Ninguna respuesta es correcta.

16. ¿En qué consiste la planificación de las dietas?

a) Dentro de cada tipo de dieta se establecerán primeros platos, segundos platos y postres que cumplan las especificaciones de las mismas.
b) Elaborar un libro de dietas estableciendo las características nutritivas, energéticas y de textura correspondiente a los distintos tipos de dieta que se ofrecen en el Hospital.

c) Elaboración de otras dietas con requerimientos específicos no contemplados en las que tienen establecidas.
d) Ninguna es correcta.

17. ¿A quién corresponde el control de la elaboración, distribución, aceptación y consumo por parte de los pacientes?

a) Al servicio de medicina preventiva.
b) Al servicio de nutrición clínica.
c) Al servicio de cocina.
d) A ninguno de los anteriores.

18. ¿Con qué objetivo se realizarán estudios de los accidentes de trabajo y enfermedades profesionales entre el personal de cocina?

a) Sólo con fines estadísticos.
b) Para conocer la preparación de cada trabajador para su puesto.
c) Para detectar y evitar los riesgos.
d) Ninguna respuesta es correcta.

19. ¿Cómo se sabe en cocina qué menú preparar para cada paciente?

a) Lo comunican directamente desde la planta de Hospitalización.
b) Lo comunican desde el servicio de nutrición.
c) Se le pregunta directamente al paciente.
d) Es imposible saberlo.

20. ¿Cuál de las siguientes no es función del servicio de medicina preventiva?

a) Vigilancia de la salud.
b) Información y formación de los trabajadores.
c) Información y adiestramiento sobre las necesidades y hábitos alimenticios.
d) Control microbiológico de los alimentos.

En MADTEST tienes **más preguntas de este tema**, y todos tus avances quedan registrados y se reflejan en el ranking.

¡Supera tus límites con MADTEST!

Solución al test n.º 10

1. c) El estado de completo bienestar físico, mental y social.

2. b) El personal de enfermería.

3. c) La garantía de las condiciones higiénicas de los alimentos, de las instalaciones de cocina y de los sistemas de distribución y reparto la proporciona el Servicio de Medicina Preventiva.

4. a) Establecer las características nutritivas, energéticas y de textura correspondiente a los distintos tipos de dieta.

5. d) Control de la adquisición de alimentos.

6. b) Prevenir la transmisión de toxiinfecciones alimentarias.

7. d) Todas las respuestas son correctas.

8. d) Personal de cocina.

9. c) Determinados problemas de salud son incompatibles con la manipulación de alimentos por el riesgo de contagio al paciente.

10. b) Parenteral.

11. d) Todas las opciones son correctas.

12. a) La alimentación debe aportar los nutrientes esenciales.

13. c) El servicio de nutrición clínica prescribirá las dietas terapéuticas.

14. a) El servicio de nutrición clínica.

15. d) Ninguna respuesta es correcta.

16. b) Elaborar un libro de dietas estableciendo las características nutritivas, energéticas y de textura correspondiente a los distintos tipos de dieta que se ofrecen en el hospital.

17. b) Al servicio de nutrición clínica.

18. c) Para detectar y evitar los riesgos.

19. b) Lo comunican desde el servicio de nutrición.

20. c) Información y adiestramiento sobre las necesidades y hábitos alimenticios.

TEST N.º 11

Cocina hospitalaria centralizada, el concepto de marcha adelante, organización equipamiento y distribución. Nuevas Tecnologías aplicadas a la Hostelería Hospitalaria

1. ¿Qué característica/s debe tener el proceso de producción en cocina?

a) Flujo continuo.
b) Separación de zonas.
c) Establecimiento de circuitos.
d) Todas las respuestas son correctas.

2. ¿Qué respuesta es falsa?

a) Cada zona de trabajo contará con los materiales necesarios.
b) Cada zona de trabajo contará con los utensilios necesarios para las tareas a realizar.
c) En la cocina nunca se establecen diferentes circuitos.
d) La respuestas a) y b) son correctas.

3. ¿Qué son las partidas?

a) Secciones de cocina donde se realizan distintas tareas.
b) Equipos específicos para tareas de pastelería o salsero.
c) Grupos de personas que elaboran un plato concreto.
d) Sistema de producción en cocina.

4. ¿A qué partida corresponde la elaboración de fondos?

a) A la partida de salsero.
b) A la partida de entremetier.
c) A la partida de pastelero.
d) Son correctas las respuestas a) y b).

5. ¿A qué partida corresponde la elaboración de segundos platos cuando estos son a base de verduras y hortalizas?

a) Salsero.
b) Entremetier.
c) Pastelero.
d) Despensero.

6. ¿Cuál de estas tareas corresponde a la partida de cuarto frío?

a) Producción de pan.
b) Preparación de guarniciones.
c) Limpieza y fraccionamiento de pescados.
d) Todas las respuestas son correctas.

7. ¿Qué diferencia una distribución lineal de cocina con una distribución en U?

a) La ubicación de entrada y salida.
b) La ordenación de las secciones.
c) El avance del proceso.
d) Todas las respuestas son ciertas.

8. En una distribución lineal, ¿dónde se ubica la sección de emplatado?

a) Inmediatamente tras la sección de preparación.
b) Tras la sección de elaboración.
c) Antes de la sección de recepción.
d) Tras la sección de preparación.

9. ¿Y en una distribución en L?

a) Inmediatamente tras la sección de preparación.
b) Tras la sección de elaboración.
c) Antes de la sección de recepción.
d) Tras la sección de preparación.

10. ¿Cuáles son los tipos de distribución más habituales en cocina?

a) Lineal, en L o en U.
b) Lineal, en E o en Z.
c) En L, en U o en Z.
d) No hay distribuciones definidas, salvo la lineal.

11. Las actividades relacionadas con la manipulación de alimentos, tienen un flujo marcado por:

a) El principio de marcha adelante.
b) El principio de cruce de circuitos.
c) El principio de economía de movimientos.
d) Ninguno de los anteriores.

12. ¿Qué ventaja tiene la centralización de los servicios de restauración hospitalaria?

a) Permite la concentración de los recursos para optimizar los resultados.
b) Permite utilizar la producción en línea fría, aunque no en línea caliente.
c) Requiere menos inversión inicial.
d) Todas las respuestas son correctas.

13. ¿Qué es falso sobre las nuevas tecnologías en cocina?

a) Permiten la realización del trabajo con mayor antelación.
b) La conservación de los alimentos no implica cambios en sus características organolépticas.
c) Hay mayor pérdida de propiedades nutritivas del alimento.
d) Es una buena solución para atender la gran actividad de cocina en un centro hospitalario.

14. ¿Qué se consigue con la centralización de la producción?

a) Minimizar costes.
b) Aumentar la eficacia.
c) Elaborar menús de varios centros en uno solo.
d) Todas las respuestas son correctas.

15. ¿Qué es falso sobre el sistema de línea caliente?

a) El alimento pasa por fases de conservación tras su elaboración.
b) El tiempo de espera hasta el servicio debe ser mínimo.
c) Tras la cocción ha de mantenerse en caliente.
d) Las respuestas b) y c) son ciertas.

Solución al test n.º 11

1. d) Todas las respuestas son correctas.

2. c) En la cocina nunca se establecen diferentes circuitos.

3. a) Secciones de cocina donde se realizan distintas tareas.

4. d) Son correctas las respuestas a) y b).

5. b) Entremetier.

6. c) Limpieza y fraccionamiento de pescados.

7. a) La ubicación de entrada y salida.

8. b) Tras la sección de elaboración.

9. b) Tras la sección de elaboración.

10. a) Lineal, en L o en U.

11. a) El principio de marcha adelante.

12. a) Permite la concentración de los recursos para optimizar los resultados.

13. c) Hay mayor pérdida de propiedades nutritivas del alimento.

14. d) Todas las respuestas son correctas.

15. a) El alimento pasa por fases de conservación tras su elaboración.

TEST N.º 12

Distribución del trabajo en la cocina. Categorías profesionales dentro de la cocina. Misiones. Obligaciones y atribuciones de cada distribución del trabajo en la cocina. Misión de cada grupo. Orden de trabajo diario en la cocina. Aprovechamiento de los restos de los géneros cocinados

1. ¿A quién corresponde la limpieza de los útiles de cocina y comedor y la limpieza de los locales de cocina y anexos?

a) A la gobernanta.
b) Al cocinero.
c) Al pinche.
d) A la limpiadora.

2. Entregarán a la cocina los víveres que se indique en los vales de salida de despensa de acuerdo con las raciones y el menú establecido para cada día:

a) Los pinches.
b) El cocinero jefe.
c) El cocinero.
d) La gobernanta.

3. Las funciones de gobernanta, pinche y cocinero se engloban dentro:

a) Del Estatuto de Personal Sanitario, aprobado por Orden de 5 de julio de 1971.
b) Del Estatuto de Personal No Sanitario, aprobado por Orden de 6 de julio de 1971.
c) Del Estatuto de Personal No Sanitario, aprobado por Orden de 5 de junio de 1971.
d) Del Estatuto de Personal No Sanitario, aprobado por Orden de 5 de julio de 1971.

4. ¿Quien se ocuparán de la condimentación de víveres, con sujeción al menú y regímenes alimenticios que se les facilite?

a) Los pinches.
b) El cocinero jefe.

c) El cocinero.
d) La gobernanta.

5. Señale la opción correcta:

a) Estarán atentos al número de raciones ordinarias, especiales y extraordinarias que diariamente les comunicará la Dirección, así como al horario en que se ha de retirar el desayuno, almuerzo, merienda y cena para cada planta, tanto por lo que se refiere a enfermos como al personal de servicio con derecho a manutención.

b) Estarán atentos únicamente al número de raciones especiales y extraordinarias que diariamente les comunicará la Administración, así como el horario en que se ha de retirar el desayuno, almuerzo, merienda y cena para cada planta, tanto por lo que se refiere a enfermos como al personal de servicio con derecho a manutención.

c) Estarán atentos al número de raciones ordinarias, especiales y extraordinarias que diariamente les comunicará la Administración, así como al horario en que se ha de retirar el desayuno, almuerzo, merienda y cena para solamente por lo que se refiere a enfermos no al personal de servicio con derecho a manutención.

d) Estarán atentos al número de raciones ordinarias, especiales y extraordinarias que diariamente les comunicará la Administración, así como al horario en que se ha de retirar el desayuno, almuerzo, merienda y cena para cada planta, tanto por lo que se refiere a enfermos como al personal de servicio con derecho a manutención.

6. Señale la función incorrecta con respecto al puesto de pinche:

a) Apoyar en las tareas de almacenaje.
b) Colaborar en las tareas de elaboración y preparación de alimentos.
c) Efectuar la recepción y almacenar las mercancías siguiendo los procedimientos y normas adecuados.
d) Realizar labores de limpieza en la cocina.

7. ¿A quién le corresponde la función "preparación de hortalizas en crudo"?

a) Al cocinero.
b) Al pinche.
c) Al ayudante de cocina.
d) A la gobernanta.

8. ¿Cuál de los siguientes no es un Instrumento para cocinar de diferentes maneras?

a) Cocina.
b) Gratinadora.
c) Olla basculante.
d) Marmita.

9. ¿A quién le corresponde aplicar en todo momento las normas prácticas de seguridad e higiene laboral?

a) Al cocinero.
b) Al pinche de cocina.
c) A la gobernanta.
d) A todos los anteriores.

10. ¿Con quién confecciona el cocinero los menús?

a) Con la gobernanta.
b) Con el resto de compañeros cocineros.
c) Con la dietista.
d) Únicamente los confecciona él.

11. Entre los utensilios que el cocinero usa para la preparación de pescado, no se encuentra:

a) Afilador.
b) Acanaladores.
c) Espalmaderas.
d) Escamadores de pescado.

12. La actividad del servicio de cocina está dividida en 4 procesos básicos. Señalar el incorrecto:

a) Emplatado.
b) Lavado.
c) Producción.
d) Todos los anteriores son correctos.

13. Los postres y ensaladas corresponden a:

a) Emplatado.
b) Preemplatado.
c) Platado.
d) Reemplatado.

14. Las tareas a realizar por el personal de planta:

a) Serán variadas, evitando en lo posible la reiteración de los trabajos más pesados.
b) Serán siempre las mismas para evitar que no se hagan bien.
c) Cada pinche tendrá a su cargo dos especialidades en cocina.
d) Ninguna de las opciones anteriores es correcta.

15. La preparación de meriendas, ensaladas, postres y panes se realizarán en el turno de:

a) Mañanas.
b) Tardes.
c) Noches.
d) Mañanas y tardes.

En MADTEST tienes **más preguntas de este tema**, y todos tus avances quedan registrados y se reflejan en el ranking.

¡Supera tus límites con MADTEST!

Solución al test n.º 12

1. c) Al pinche.

2. d) La gobernanta.

3. d) Del Estatuto de Personal No Sanitario, aprobado por Orden de 5 de julio de 1971.

4. c) El cocinero/a.

5. d) Estarán atentos al número de raciones ordinarias, especiales y extraordinarias que diariamente les comunicará la Administración, así como el horario en que se ha de retirar el desayuno, almuerzo, merienda y cena para cada planta, tanto por lo que se refiere a enfermos como al personal de servicio con derecho a manutención.

6. c) Efectuar la recepción y almacenar las mercancías siguiendo los procedimientos y normas adecuados.

7. b) Al pinche.

8. d) Marmita.

9. a) Al cocinero.

10. c) Con la dietista.

11. a) Afilador.

12. d) Todos los anteriores son correctos.

13. b) Preemplatado.

14. a) Serán variadas, evitando en lo posible la reiteración de los trabajos más pesados.

15. b) Tardes.

TEST N.º 13

El acondicionamiento de las materias primas: carnes, pescados, hortalizas, frutas. Limpieza, cortes y preelaboración. La descongelación. Actividades de limpio y sucio. Términos básicos de cocina. Prácticas correctas de higiene

1. ¿Qué utilidad tienen los fondos?

a) Aderezar.
b) Ligar.
c) Elaborar rellenos.
d) Todas las anteriores.

2. ¿Qué es el consomé gelée?

a) Un consomé poco concentrado.
b) Un consomé concentrado que se toma frío.
c) Un fondo de pescado.
d) Un fondo oscuro.

3. ¿Qué son las farces?

a) Preparaciones básicas utilizadas para abrillantar, dar cuerpo o decorar en buffet.
b) Caldo de pescado.
c) Elaboraciones de carne o pescado mezcladas con grasa, utilizadas para rellenar géneros.
d) Ninguna respuesta es correcta.

4. ¿Cómo se denomina el preparado a base de harina tostada a fuego lento, y rehogada con grasa, utilizado para ligar?

a) Fondo.
b) Fumet.
c) Roux.
d) Bechamel.

5. ¿Qué elemento se puede utilizar para la preparación de gelatinas?

a) Consomés.
b) Zumos de fruta.
c) Infusiones.
d) Todos los anteriores.

6. ¿En qué consiste la condimentación de un alimento?

a) En emplear pequeñas cantidades de determinadas sustancias, para modificar el sabor de un plato.
b) Es exclusivamente la adición de sal a las comidas.
c) Es exclusivamente la adición de especias a las comidas.
d) En elaborar un plato compuesto por distintos alimentos básicos.

7. ¿En qué grupo se puede meter la guindilla?

a) Condimentos.
b) Hortalizas.
c) Especias.
d) Las respuestas a y b son correctas.

8. ¿Qué es escudillar?

a) Echar caldo hirviendo sobre pan, con el fin de hacer sopa.
b) Obtener fruta con azúcar cristalizada.
c) Recubrir un molde por el interior.
d) Ninguna respuesta es correcta.

9. ¿Qué operaciones previas se realizan en una cocina para asegurar su buen funcionamiento?

a) Localización del lugar de trabajo adecuado.
b) Secuenciar las distintas fases del trabajo.
c) Aprovisionamiento de utensilios y material.
d) Todas las respuestas son correctas.

10. Al sumergir el alimento en aceite caliente, ¿qué sistema de elaboración se está utilizando?

a) Ebullición.
b) Fritura por inmersión.
c) Fritura por contacto.
d) Escaldado.

11. ¿A qué tipo de elaboración se denomina "fondo"?

a) A una ración de carne cubierta con salsa.
b) Distintos caldos obtenidos de la cocción de materias primas nutritivas o aromáticas.
c) Sofrito de cebolla, ajo y perejil.
d) Ninguna es correcta.

12. ¿Qué utilidad tienen los fondos?

a) Tomarlo como primer plato.
b) Conservar otros alimentos.
c) Aderezar, mojar, hacer rellenos y ligar otros platos.
d) Ninguna respuesta es correcta.

13. ¿Qué es una fumet?

a) Un caldo de verduras.
b) Un fondo.
c) Un caldo concentrado de pescado.
d) Las respuestas b y c son correctas.

14. ¿Qué son farces?

a) Un asado de ternera.
b) Una mezcla de verduras y condimentos cortados en dados.
c) Un relleno de verduras, carnes, pescados, etc.
d) Ninguna es correcta.

15. ¿Cómo se denomina el elemento que sirve para dar consistencia o espesar salsas?

a) Ligazón.
b) Fumet.
c) Caldo blanco.
d) Gelatina.

16. ¿Cuáles de los siguientes elementos se utilizan como ligazones?

a) Almidón.
b) Albúmina.
c) Grasas.
d) Todos los anteriores.

17. ¿Qué es acanalar?

a) Dar forma de pelota de rugby a los tubérculos.
b) Cortar en dados.

c) Dar forma de cestitas para rellenar.
d) Decorar una verdura tallando su piel en tiras.

18. ¿Cómo se denomina la acción de incorporar leche a una masa o salsa?

a) Aderezar.
b) Ablactar.
c) Enlechar.
d) Albardar.

19. ¿Qué es albardar?

a) Recubrir con una lámina fina de tocino determinadas carnes y aves con poca grasa, para que resulten más jugosas y no se sequen al cocinarlas.
b) Hacer canales o estrías a las naranjas.
c) Aliñar o condimentar.
d) Cortar en rodajas una verdura.

20. ¿Qué es bridar una pieza de carne?

a) Atar con un hilo para que no se deforme durante la cocción.
b) Cortar en filetes finos.
c) Asar al horno de leña.
d) Ninguna respuesta es correcta.

En MADTEST tienes **más preguntas de este tema**, y todos tus avances quedan registrados y se reflejan en el ranking.

¡Supera tus límites con MADTEST!

Solución al test n.º 13

1. d) Todas las anteriores.

2. b) Un consomé concentrado que se toma frío.

3. c) Elaboraciones de carne o pescado mezcladas con grasa, utilizadas para rellenar géneros.

4. c) Roux.

5. d) Todos los anteriores.

6. a) En emplear pequeñas cantidades de determinadas sustancias, para modificar el sabor de un plato.

7. d) Las respuestas a y b son correctas.

8. a) Echar caldo hirviendo sobre pan, con el fin de hacer sopa.

9. d) Todas las respuestas son correctas.

10. b) Fritura por inmersión.

11. b) Distintos caldos obtenidos de la cocción de materias primas nutritivas o aromáticas.

12. c) Aderezar, mojar, hacer rellenos y ligar otros platos.

13. d) Las respuestas b y c son correctas.

14. c) Un relleno de verduras, carnes, pescados, etc.

15. a) Ligazón.

16. d) Todos los anteriores.

17. d) Decorar una verdura tallando su piel en tiras.

18. b) Ablactar.

19. a) Recubrir con una lámina fina de tocino determinadas carnes y aves con poca grasa, para que resulten más jugosas y no se sequen al cocinarlas.

20. a) Atar con un hilo para que no se deforme durante la cocción.

TEST N.º 14

Los alimentos. Código alimentario español: clasificación y características de los diferentes tipos de alimentos, lácteos, carnes, pescados, legumbres, verduras y hortalizas. Tipos de dietas. Dietas terapéuticas más utilizadas en un centro hospitalario. Manipulación de alimentos. Requisitos de los manipuladores de alimentos. Catálogo de buenas prácticas de manipulación. Formación Continuada de los manipuladores. Control y supervisión de la autoridad competente. Exámenes médicos. Acreditación de la formación. Régimen Sancionador

1. De los siguientes productos, ¿cuáles no son derivados de la leche?

a) Nata y mantequilla.
b) Queso y requesón.
c) Sueros lácteos.
d) Cafeína.

2. Señala cuál de las siguientes afirmaciones es correcta:

a) La canal incluye la carne y todas las vísceras del animal.
b) Los derivados cárnicos son productos alimenticios preparados total o parcialmente con carnes o despojos sometidos a operaciones específicas.
c) Los productos tales como solomillo, entrecot, bistec, chuletas, etc., se consideran derivados cárnicos.
d) Todas las respuestas anteriores son correctas.

3. El Código Alimentario Español, dentro del grupo de "pescados", incluye los siguientes:

a) Aquellos animales que viven en el agua y son comestibles.
b) Exclusivamente a los vertebrados marinos.
c) Exclusivamente a los vertebrados de agua dulce.
d) Todos excepto las ballenas, por ser mamíferos.

4. ¿Cuál de las siguientes afirmaciones es falsa?

a) El pescado tiene menos grasas saturadas y menos colesterol que algunas carnes.
b) El pescado azul tiene mayor valor calórico que el blanco.
c) El pescado fresco tiene mayor valor nutritivo que el congelado.
d) Todas son falsas.

5. ¿Cuándo se considera que un huevo es fresco?

a) Cuando se mantiene en cámaras a temperatura no superior a 4 ºC durante un tiempo inferior a 30 días.
b) Cuando está conservado por encima de 0 ºC durante una semana como máximo.
c) Sólo se considera fresco el huevo recién puesto.
d) Cuando no ha sido refrigerado ni conservado por ningún método.

6. Un huevo que ha sido incubado se dice que es un huevo:

a) Fresco.
b) Defectuoso.
c) Averiado.
d) Podrido.

7. ¿Qué tipo de alimento son las habas?

a) Frutos.
b) Legumbres.
c) Bulbos.
d) Frutas.

8. ¿Cómo se denomina el tocino entreverado que ha sido sometido a operaciones de ahumado, salazón o adobo?

a) Panceta.
b) Bacón.
c) Papada.
d) Lomo.

9. ¿Qué tipo de aditivo es el E-122 carmoisina?

a) Potenciador del sabor.
b) Conservante.
c) Colorante.
d) Espesante.

10. ¿Qué tratamiento recibirá la leche destinada para el consumo de colectividades?

a) Ninguno, porque la leche cruda es muy nutritiva.
b) Debe recibir algún tratamiento térmico.

c) Será siempre leche especial sin tratar.
d) Todas las respuestas son correctas.

11. Son ricos en hidratos de carbono:

a) Marisco.
b) Patatas.
c) Carnes.
d) Pescado.

12. Pertenece al grupo de los alimentos energéticos:

a) Carne.
b) Yogur.
c) Verduras.
d) Ninguno de los anteriores.

13. Los alimentos incluidos en el grupo de las frutas, verduras y hortalizas aportan al organismo humano, como nutrientes más significativos:

a) Vitaminas y sales minerales.
b) Lípidos.
c) Hidratos de carbono.
d) Proteínas.

14. Las carnes, pescados y huevos aportan al organismo, de manera principal:

a) Vitaminas.
b) Oligoelementos.
c) Proteínas.
d) Grasas.

15. Está en el grupo de los alimentos plásticos:

a) La leche y sus derivados.
b) Huevos.
c) Carne y pescado.
d) Todos.

16. Todo manipulador de alimentos debe respetar las siguientes normas de higiene:

a) Lavado de manos con agua caliente y jabón.
b) Fumar, toser o estornudar sobre el alimento.
c) Usar mascarilla exclusivamente para la manipulación de productos que se consumirán en crudo.
d) Todas son correctas.

17. ¿Qué hará el manipulador de alimentos si está afectado por un proceso diarreico?

a) No presentarse a trabajar.
b) No realizará ningún tipo de trabajo de manipulación, independientemente de la gravedad de la infección.
c) Informará con la finalidad de que se valore la necesidad de someterse a examen médico, y, en caso necesario, su exclusión temporal de la manipulación de productos alimenticios.
d) Continuará con su tarea normal, ya que no influye en su trabajo.

18. ¿Quién impartirá la formación a los manipuladores de alimentos?

a) La propia empresa o una entidad autorizada por la autoridad sanitaria competente.
b) La propia empresa siempre.
c) La autoridad competente.
d) Una empresa auditora.

19. Garantizarán que los manipuladores de alimentos dispongan de una formación adecuada en higiene de los alimentos de acuerdo con su actividad laboral:

a) Las empresas del sector alimentario.
b) La Comunidad Autónoma respectiva.
c) La autoridad sanitaria competente.
d) Las opciones a) y b) son correctas.

20. Las personas que, por su actividad laboral, tienen contacto directo con los alimentos durante su preparación, fabricación, transformación, elaboración, envasado, almacenamiento, transporte, distribución, venta, suministro y servicio, son llamadas:

a) Manipuladores alimentarios.
b) Manipuladores de alimentos.
c) Manejadores de alimentos.
d) Manejadores alimentarios.

En MADTEST tienes **más preguntas de este tema**, y todos tus avances quedan registrados y se reflejan en el ranking.

¡Supera tus límites con MADTEST!

Solución al test n.º 14

1. d) Cafeína.

2. b) Los derivados cárnicos son productos alimenticios preparados total o parcialmente con carnes o despojos sometidos a operaciones específicas.

3. a) Aquellos animales que viven en el agua y son comestibles.

4. c) El pescado fresco tiene mayor valor nutritivo que el congelado.

5. d) Cuando no ha sido refrigerado ni conservado por ningún método.

6. c) Averiado.

7. b) Legumbres.

8. b) Bacón.

9. c) Colorante.

10. b) Debe recibir algún tratamiento térmico.

11. b) Patatas.

12. d) Ninguno de los anteriores.

13. a) Vitaminas y sales minerales.

14. c) Proteínas.

15. d) Todos.

16. a) Lavado de manos con agua caliente y jabón.

17. c) Informará con la finalidad de que se valore la necesidad de someterse a examen médico, y, en caso necesario, su exclusión temporal de la manipulación de productos alimenticios.

18. a) La propia empresa o una entidad autorizada por la autoridad sanitaria competente.

19. a) Las empresas del sector alimentario.

20. b) Manipuladores de alimentos.

TEST N.º 15

Almacenamiento, preparación, conservación, emplatado y distribución de los alimentos. Transporte y recogida, la limpieza de la vajilla y demás útiles de trabajo. Otras técnicas de elaboración: cocina al vacío, línea fría y alimentos de 3ª, 4ª y 5ª generación

1. En un asado, ¿de qué manera llega el calor al alimento?

a) Por convección.
b) Por conducción.
c) Por radiación.
d) Por cualquiera de los tres sistemas anteriores.

2. ¿Cuál de las siguientes afirmaciones acerca de la cocción al vacío es falsa?

a) Al evitar el contacto con el oxígeno, se previene la oxidación del alimento y su modificación de sabor.
b) El alimento se envasa al vacío tras su cocción.
c) La temperatura disminuirá hasta -10 ºC en un abatidor de temperatura.
d) Se utilizan envases que cierran herméticamente, y de material adecuado.

3. ¿Cuál de las siguientes no es una ventaja del sistema de cocción al vacío?

a) Racionado sencillo, que suele hacerse previamente al envasado, de manera que se pueden comercializar estos productos como raciones individuales.
b) Elaboración y envasado se realiza en condiciones higiénicas. Esto junto con la posterior cocción, evita la contaminación de los productos.
c) La producción puede realizarse en un único turno diario en 5 días.
d) El almacenamiento es higiénico, ya que el envase evita la mezcla de olores o sabores con otros productos.

4. ¿Qué es un abatidor de temperatura?

a) Un sistema de enfriamiento mecánico o criogénico hace que la temperatura del alimento disminuya desde los 65 – 70 ºC que alcanza, tras la cocción, hasta un máximo de 10 ºC.
b) Sistema que utiliza aire caliente con o sin vapor a baja presión.

c) Es un carro con un sistema de regeneración integrado que posibilita el transporte de emplatados y el servicio de platos calientes y fríos

d) Ninguna de las respuestas es correcta.

5. ¿Qué temperatura debe alcanzar el interior de un alimento durante su cocción?

a) –18 ºC
b) 10 ºC
c) 70 ºC
d) 18 ºC

6. ¿Qué desventaja presenta la producción en cadena caliente?

a) El ritmo de trabajo se intensifica a determinadas horas, previas a las comidas.
b) Se puede improvisar el menú.
c) Utiliza la maquinaria normal de una cocina industrial.
d) Todas las respuestas son correctas.

7. ¿Qué es la regeneración de un alimento?

a) El calentamiento para que se termine de cocinar.
b) La puesta en temperatura para su consumo.
c) Un sistema de cocción.
d) El descenso de temperatura de un alimento, de forma rápida.

8. ¿Cuál no es una ventaja de la cadena fría refrigerada?

a) Se optimiza el aprovechamiento de los medios humanos y técnicos.
b) Se elaboran los menús con antelación.
c) Se alarga la vida media de los alimentos de forma considerable, incluso hasta meses.
d) Todas son correctas.

9. La limpieza de las cámaras frigoríficas ha de ser:

a) Diaria.
b) Dos veces por semana.
c) Semanal.
d) Mensual.

10. ¿Cómo se denomina el sistema que utiliza aire caliente con o sin vapor a baja presión para regenerar los alimentos?

a) Hornos de regeneración de multiporciones.
b) Hornos mixtos de convección-vapor.

c) Hornos microondas.
d) Zonas de regeneración.

11. En el sistema de producción en cadena fría refrigerada, ¿qué ocurre si un alimento refrigerado supera los 10 ºC?

a) Se consumirá en un plazo máximo de 12 horas.
b) Se consumirá en un plazo máximo de 24 horas.
c) Se podrá refrigerar nuevamente hasta el momento de su consumo en un plazo máximo de 5 días.
d) Se desechará.

12. ¿Qué ventaja ofrece el sistema de cadena fría refrigerada?

a) Se puede improvisar.
b) Se pueden trasladar los alimentos.
c) No necesita dotación de maquinaria específica.
d) Todas las respuestas son correctas.

13. Las carnes en canales y medias canales, tal y como se presentan en los mataderos, ¿qué tipo de productos son?

a) De 1.ª generación.
b) De 2.ª generación.
c) De 3.ª generación.
d) De 4.ª generación.

14. ¿Cómo se presenta la carne de tercera generación?

a) En canal o media canal.
b) Fraccionada o fileteada.
c) Empanada.
d) No hay carne de tercera generación.

15. ¿Cuáles son los alimentos de cuarta generación?

a) La materia prima sin manipulación.
b) Aquellos en los que se aplica una primera manipulación sencilla, como puede ser la limpieza, la retirada de la piel, o un fraccionamiento inicial de la materia prima.
c) Productos que han sido sometidos ya a una preparación o elaboración sencilla, con o sin aplicación de un método de conservación.
d) Elaboraciones que sólo necesitan ser sometidas a algún método de cocinado sencillo, como puede ser una cocción o fritura.

16. ¿Qué efecto conservador tiene la cocción al vacío?

a) Antioxidante.
b) Antibacteriano.
c) Oxidante.
d) Las respuestas a y b son correctas.

17. ¿Cómo se realiza la cocción al vacío?

a) Mediante cocción tradicional y posterior envasado al vacío.
b) Directamente en bolsas de plástico especiales.
c) Ambas respuestas son correctas.
d) Ambas respuestas son falsas.

18. ¿Cómo se denomina el sistema de enfriamiento mecánico o criogénico que hace disminuir la temperatura de los alimentos hasta un máximo de 10 ºC?

a) Horno de cocción.
b) Refrigerador.
c) Abatidor.
d) Enfriador.

19. ¿En qué consiste el sistema de producción en cadena caliente?

a) Poner el alimento en temperatura adecuada justo antes de su consumo.
b) Elaborar los platos en el momento en que van a ser consumidos.
c) Elaborar platos calientes y conservarlos en refrigeración hasta su consumo.
d) Todas las respuestas son correctas.

20. ¿Qué temperatura debe alcanzar el centro de un alimento para asegurar su cocción completa?

a) 50 ºC.
b) 10 ºC.
c) 70 ºC.
d) 100 ºC.

En MADTEST tienes **más preguntas de este tema**, y todos tus avances quedan registrados y se reflejan en el ranking.

¡Supera tus límites con MADTEST!

Solución al test n.º 15

1. d) Por cualquiera de los tres sistemas anteriores.

2. b) El alimento se envasa al vacío tras su cocción.

3. c) La producción puede realizarse en un único turno diario en 5 días.

4. a) Un sistema de enfriamiento mecánico o criogénico hace que la temperatura del alimento disminuya desde los 65 – 70 ºC que alcanza, tras la cocción, hasta un máximo de 10 ºC.

5. c) 70 ºC.

6. a) El ritmo de trabajo se intensifica a determinadas horas, previas a las comidas.

7. b) La puesta en temperatura para su consumo.

8. c) Se alarga la vida media de los alimentos de forma considerable, incluso hasta meses.

9. a) Diaria.

10. b) Hornos mixtos de convección-vapor.

11. d) Se desechará.

12. b) Se pueden trasladar los alimentos.

13. a) De 1.ª generación.

14. b) Fraccionada o fileteada.

15. d) Elaboraciones que sólo necesitan ser sometidas a algún método de cocinado sencillo, como puede ser una cocción o fritura.

16. a) Antioxidante.

17. c) Ambas respuestas son correctas.

18. c) Abatidor.

19. b) Elaborar los platos en el momento en que van a ser consumidos.

20. c) 70 ºC.

Reglamentación técnico-sanitaria de los comedores colectivos. Normas higiénicos-sanitarias de aplicación a la cocina hospitalaria. Cocina Hospitalaria Centralizada. Condiciones básicas y físico ambientales de las cocinas. Zonas de sucio y de limpio. La cadena alimentaria. Principio de marcha adelante y circuitos de trabajo

1. ¿Qué se entiende por "trazabilidad"?

a) La posibilidad de encontrar y seguir el rastro, a través de todas las etapas de la producción, transformación y distribución de un alimento.

b) La información contenida en la etiqueta de un producto alimenticio.

c) Las fases de la producción de un alimento hasta que está listo para su venta y consumo.

d) La posibilidad de encontrar el rastro de un alimento a partir del momento en que se comercializa.

2. Cuando se describe la vida del producto y los procedimientos utilizados, ¿de qué tipo de trazabilidad hablamos?

a) Trazabilidad hacia atrás.

b) Trazabilidad de proceso.

c) Trazabilidad hacia delante.

d) Todas las respuestas son correctas.

3. ¿Cuáles son los principales objetivos del Plan Nacional de Control Oficial de la Cadena Alimentaria?

a) Prevenir, eliminar o reducir los riesgos que amenazan directamente, o a través del medio ambiente, a personas y animales.

b) Garantizar prácticas equitativas en el comercio y proteger intereses de los consumidores.

c) Ambas respuestas son falsas.

d) Ambas respuestas son correctas.

4. ¿Qué características tendrá el almacén de la cocina?

a) Será un lugar amplio, fresco y seco.
b) Tendrá una temperatura entre 15 y 18º C.
c) Los armarios y estantes nunca contactarán con el suelo y dejarán un espacio suficientemente amplio para facilitar la limpieza.
d) Todas son correctas.

5. ¿Qué características tendrán las puertas de la cocina?

a) Las puertas serán de material rugoso.
b) Deben disponer de medidas de prevención contra la entrada de insectos en las puertas exteriores del local.
c) No es necesario dispositivos de cierre automático.
d) Todas son correctas.

6. ¿Qué característica no tendrá el suministro de agua de la cocina?

a) En la limpieza y desinfección de locales, superficies, equipamiento, etc., no se utilizará agua de consumo humano.
b) El hielo se producirá mediante el uso de agua de consumo humano y se almacenará con las debidas garantías para evitar su contaminación.
c) En el supuesto de existir suministro de agua no potable para ciertos usos como refrigeración, sistemas anti incendios, etc., estará canalizada por tuberías distintas, sin posibilidad de mezcla con la distribución de agua de consumo humano y en su toma figurará la leyenda de "agua no potable".
d) La garantía de la potabilidad del agua utilizada se hará según lo establecido en el protocolo de gestión de suministro de agua del centro hospitalario.

7. La herramienta más eficaz para realizar el seguimiento del producto dentro de la empresa, es él:

a) Plato testigo.
b) Normas de calidad alimentaria.
c) Sistema de Análisis de Peligros y Puntos de Control Crítico (APPCC).
d) Plan de higiene.

8. ¿Los circuitos limpio y sucio en cocina?

a) No se deben cruzar nunca.
b) En ellos todos los equipos y materiales serán de uso exclusivo.
c) El retorno de vajilla sucia se realizará, normalmente, mediante carros en los que estarán colocadas las bandejas sucias.
d) Todas son correctas.

9. ¿No es una característica de las zona limpia de la cocina?

a) Es el área donde se manipulación de alimentos.

b) Los suelos se construirán de materiales impermeables, inabsorbentes, lavables y antideslizantes, sin grietas y fáciles de limpiar y desinfectar.

c) Se situará entre el área de almacenamiento y la de cocinado, a la que tendrá fácil acceso.

d) En cocinas pequeñas podrá formar un único recinto con el área de cocinado, sin zonas diferenciadas.

10. Para mantener los alimentos libres de bacterias dañinas, y por tanto, prevenir la aparición de enfermedades alimentarias, los pinches de cocina deben aplicar cuatro medidas fundamentales:

a) Limpiar, separar, cocinar y refrigerar.

b) Limpiar, cocinar, separar y congelar.

c) Limpiar, enjuagar, secar y guardar.

d) Ninguna respuesta es correcta.

En MADTEST tienes **más preguntas de este tema**, y todos tus avances quedan registrados y se reflejan en el ranking.

¡Supera tus límites con MADTEST!

Solución al test n.º 16

1. a) La posibilidad de encontrar y seguir el rastro, a través de todas las etapas de la producción, transformación y distribución de un alimento.

2. b) Trazabilidad de proceso.

3. d) Ambas respuestas son correctas.

4. d) Todas son correctas.

5. b) Deben disponer de medidas de prevención contra la entrada de insectos en las puertas exteriores del local.

6. a) En la limpieza y desinfección de locales, superficies, equipamiento, etc. no se utilizará agua de consumo humano.

7. c) Sistema de Análisis de Peligros y Puntos de Control Crítico (APPCC).

8. d) Todas son correctas.

9. d) En cocinas pequeñas podrá formar un único recinto con el área de cocinado, sin zonas diferenciadas.

10. d) Ninguna respuesta es correcta.

TEST N.º 17

Autocontrol sanitario en las cocinas hospitalarias: análisis de peligros y puntos de control críticos. Contaminación de los alimentos. Medios de transmisión de los gérmenes. Condiciones que favorecen su desarrollo. Enfermedades originadas por alimentos contaminados. El plato testigo.

1. ¿En qué principios se basa el sistema de Análisis de Peligros y Puntos de Control Crítico (APPCC)?

a) Análisis y localización de los riesgos.
b) Determinación de los puntos críticos.
c) Definición, aplicación y verificación de procedimientos eficaces de control y seguimiento.
d) Todas las opciones son correctas.

2. El sistema de APPCC tiene como objetivo:

a) Establecer un plan de emergencia para el caso de incendio.
b) Identificar, valorar y controlar los peligros sanitarios e higiénicos asociados al conjunto y a cada una de las fases de la cadena alimentaria.
c) Analizar las pautas de comportamiento de los trabajadores.
d) Ninguna de las anteriores respuestas es la correcta.

3. El sistema de APPCC está basado en:

a) Dos principios.
b) Tres principios.
c) Seis principios.
d) Siete principios.

4. La verificación del sistema de APPCC debe realizarse:

a) Periódicamente, con el fin de asegurar que los puntos de control crítico están bajo control.
b) Cuando existan dudas de la seguridad del producto.

c) Cuando se hagan modificaciones en el Plan APPCC.

d) Todas las respuestas son correctas.

5. Es, entre otras, función del coordinador del equipo de implantación del sistema de APPCC:

a) La organización de las reuniones.

b) La elaboración de menús.

c) El registro de las decisiones del equipo.

d) Las opciones a y c son correctas.

6. El establecimiento de un sistema de registro o documentación de los planes relativos a los sistemas de APPCC, permite:

a) Mostrar las incidencias ocurridas, la toma de decisiones y comprobar si el sistema está funcionado con eficacia.

b) Comprobar la salubridad de los alimentos.

c) Determinar quién realiza la vigilancia del sistema.

d) No es uno de los principios en los que se basa el sistema de APPCC.

7. ¿En qué enfermedad de origen alimentario la causa es una toxina?

a) Toxiinfección alimentaria.

b) Intoxicación alimentaria.

c) Cólicos.

d) En todas ellas.

8. ¿Cómo afecta la temperatura al desarrollo de las bacterias?

a) Un aumento de temperatura potencia la velocidad de multiplicación de las bacterias.

b) Una disminución de temperatura por debajo de 10°C las congela.

c) Hacen falta 1000 °C para que la mayoría de las bacterias mueran.

d) Todas las respuestas son correctas.

9. ¿Qué tipo de microorganismo es Salmonella?

a) Bacteria.

b) Virus.

c) Parásito.

d) Virión.

10. ¿Cómo se eliminan las toxinas de Estafilococo?

a) Cocción de los alimentos a 10 °C durante 30 minutos.

b) Cocción de los alimentos a 1000 °C durante 30 minutos.

c) Cocción de los alimentos a 100 ºC durante 30 minutos.
d) Cocción de los alimentos a 30 ºC durante 100 minutos.

11. ¿Dónde se desarrolla principalmente el Botulismo?

a) En la carne.
b) En el pescado.
c) En las conservas.
d) En el aire.

12. ¿Cuál de las siguientes bacterias se puede encontrar en las ostras?

a) *Bacillus cereus*.
b) *Campylobacter*.
c) *Escherichia coli*.
d) Yersinia enterocolítica.

13. ¿Qué tipo de microorganismo es *Aeromonas hydrophila*?

a) Bacteria.
b) Alga.
c) Ameba.
d) Parásito.

14. ¿Qué microorganismo transmite el cólera?

a) Vibrio.
b) Yersinia.
c) *Campylobacter*.
d) Amanita.

15. ¿Cómo se denominan las toxinas de los hongos?

a) Toxina botulínica.
b) Micotoxina.
c) Levadura.
d) Moho.

16. La triquinosis está asociada al consumo de carne de:

a) Ternera.
b) Pollo.
c) Cerdo.
d) Pavo.

17. ¿Qué caracteriza a un brote epidémico?

a) La aparición de una sintomatología similar de tipo gastrointestinal en dos o más personas que han consumido el mismo alimento.

b) La aparición de una sintomatología similar de tipo cardiaco en dos o más personas que han consumido el mismo alimento.

c) La aparición de una sintomatología similar de tipo gastrointestinal repetidas veces en una misma persona pero al consumir un alimento.

d) Ninguna respuesta es correcta.

18. ¿Qué significado tiene APPCC?

a) Análisis de productos.

b) No es cierto que las cocinas tengan un Plan de APPCC.

c) Análisis de Peligros y Puntos de Control Críticos.

d) Ninguna es correcta.

19. Al realizar un análisis de peligros, deberán incluirse una serie de factores entre los que se encuentra:

a) La probabilidad de que surjan peligros y la gravedad de sus efectos en relación con la salud.

b) La evaluación cualitativa y/o cuantitativa de la presencia de peligros.

c) La supervivencia o proliferación de los microorganismos involucrados (si los hubiera).

d) Todas son correctas.

20. Uno de los factores que influyen en el desarrollo de las enfermedades de transmisión alimentaria es:

a) Contaminación cruzada entre productos crudos y cocinados.

b) Cocción insuficiente de los alimentos.

c) Mantener los alimentos a temperatura ambiente en lugar del refrigerador.

d) Todas son correctas.

En MADTEST tienes **más preguntas de este tema**, y todos tus avances quedan registrados y se reflejan en el ranking.

¡Supera tus límites con MADTEST!

Solución al test n.º 17

1. d) Todas las opciones son correctas.

2. b) Identificar, valorar y controlar los peligros sanitarios e higiénicos asociados al conjunto y a cada una de las fases de la cadena alimentaria.

3. d) Siete principios.

4. d) Todas las respuestas son correctas.

5. d) Las opciones a y c son correctas.

6. a) Mostrar las incidencias ocurridas, la toma de decisiones y comprobar si el sistema está funcionado con eficacia.

7. b) Intoxicación alimentaria.

8. a) Un aumento de temperatura potencia la velocidad de multiplicación de las bacterias.

9. a) Bacteria.

10. c) Cocción de los alimentos a 100 °C durante 30 minutos.

11. c) En las conservas.

12. d) Yersinia enterocolítica.

13. a) Bacteria.

14. a) Vibrio.

15. b) Micotoxina.

16. c) Cerdo.

17. a) La aparición de una sintomatología similar de tipo gastrointestinal en dos o más personas que han consumido el mismo alimento.

18. c) Análisis de Peligros y Puntos de Control Críticos.

19. d) Todas son correctas.

20. d) Todas son correctas.

TEST N.º 18

Seguridad e Higiene en el trabajo. Riesgos específicos de la categoría. Utilización de equipos de protección individual. Prevención de incendios. Primeros auxilios y actuación ante una emergencia

1. ¿En qué articulo del Estatuto de Personal no Sanitario vienen recogidas funciones propias del Pinche, perteneciente al grupo de personal subalterno?

a) En el artículo 14.6 de dicho Estatuto.
b) En el artículo 1.6 de dicho Estatuto.
c) En el artículo 16 de dicho Estatuto.
d) En el artículo 46 de dicho Estatuto.

2. En una evacuación ¿qué enfermos se sacará primero?

a) Enfermos que puedan desplazarse por sí mismos.
b) Enfermos encamados que no pueden moverse por sí mismos, que estén más alejados de la zona de salida.
c) Enfermos impedidos más próximos a la zona de salida.
d) Los que estén más cerca de la salida de emergencia.

3. Eliminar la suciedad, papeles, derrames, grasas, desperdicios y obstáculos contra los que se pueda tropezar y retirar los objetos innecesarios y utensilios que no se estén utilizando, es una medida preventiva para evitar:

a) Caídas al mismo nivel.
b) Cortes y heridas.
c) Incendios.
d) Todas con correctas.

4. Señale cual de las siguientes opciones no es una medida preventiva, frente a quemaduras por el contacto con objetos o gases calientes:

a) Comprar máquinas y utensilios seguros que tengan el marcado CE.
b) No llenar los recipientes hasta arriba.
c) Comprobar el termostato de la freidora antes de la introducción de alimentos.
d) Todas son correctas.

5. No es un factor de riesgo de incendio y explosión:

a) Sólidos inflamables (papel, trapos, cajas).
b) Sustancias cáusticas y corrosivas.
c) Líquidos inflamables (disolventes, alcoholes).
d) Presencia de focos de ignición.

6. Es un riesgo ergonómico:

a) Estar en contacto con productos que contienen sustancias químicas peligrosas.
b) Realizar trabajos con manejo de cargas o posturas forzadas.
c) Las situaciones de trabajo que producen estrés.
d) Todos son riesgos ergonómicos.

7. Los equipos de protección individual están destinados:

a) Al uso personal.
b) A la comunidad.
c) A un equipo de trabajo.
d) A quien lo necesite.

8. ¿Qué actuaciones debe adoptar el empresario para la elección de los equipos de protección?

a) Analizar y evaluar los riesgos existentes que no puedan evitarse o limitarse suficientemente por otros medios.
b) Definir las características que deberán reunir los equipos de protección individual para garantizar su función.
c) Comparar las características de los equipos de protección individual existentes en el mercado.
d) Todas son correctas.

9. Los equipos filtrantes de partículas se utilizan para la protección de:

a) Los ojos y de la cara.
b) Las vías respiratorias.
c) La piel.
d) Manos y brazos.

10. ¿En qué tipo de actividades laborales será necesario el uso de protectores del oído?

a) Utilización de prensas para metales.
b) Trabajos que lleven consigo la utilización de dispositivos de aire comprimido.
c) Actividades del personal de tierra en los aeropuertos.
d) Todas son correctas.

11. ¿Cuál es la primera medida que debe realizar el socorrista en caso de quemadura?

a) Suprimir la causa que produce la quemadura: apagar las llamas, eliminar los ácidos, etc.
b) Mantener los signos vitales.
c) Examinar el cuerpo de la persona accidentada.
d) Aplicar agua en abundancia en la quemadura para enfriarla y reducir el dolor.

12. No es una actuación que deba adoptarse en caso de incendio:

a) Localizar el origen de la incidencia.
b) Clasificar la magnitud del incendio (Conato, Emergencia Parcial o General).
c) Comunicar el hecho al Jefe de Emergencia o de Primera Intervención a su sustituto, facilitándole la mayor cantidad de datos posibles del siniestro.
d) Ante cualquier circunstancia, apagar el fuego con cualquier extintor que se tenga a mano.

13. Los extintores de incendio portátiles:

a) Están concebidos para que puedan ser llevados y utilizados a mano teniendo en condiciones de funcionamiento una masa igual o inferior a 15 kg.
b) Están concebidos para que puedan ser llevados y utilizados a mano teniendo en condiciones de funcionamiento una masa igual o inferior a 20 kg.
c) Están concebidos para que puedan ser llevados y utilizados a mano teniendo en condiciones de funcionamiento una masa igual o inferior a 25 kg.
d) Están concebidos para que puedan ser llevados y utilizados a mano teniendo en condiciones de funcionamiento una masa igual o inferior a 30 kg.

14. En la selección de un extintor portátil, el agente extintor adecuado para las clases de fuego A (sólidos), B (Líquidos) y C (gases) es:

a) Polvo BC (convencional).
b) Polvo ABC (polivalente).
c) Espuma física.
d) Hidrocarburos halogenados.

15. En las normas de utilización de un extintor portátil, dentro de las precauciones generales, se debe tener en cuenta:

a) La posible toxicidad del agente extintor o de los productos que genera en contacto con el fuego.
b) La posibilidad de quemaduras y daños en la piel por demasiada proximidad al fuego o por reacciones químicas peligrosas.
c) Las descargas eléctricas o proyecciones inesperadas de fluidos emergentes del extintor a través de su válvula de seguridad. También se debe considerar la posibilidad de mecanismos de accionamiento en malas condiciones de uso.
d) Todas las respuestas son correctas.

16. ¿Para qué tipo de trabajos se utilizan los mandiles antiperforantes?

a) Trabajos de deshuesado y troceado.
b) Trabajos de soldadura.
c) Manipulación de objetos con aristas cortantes, salvo que se utilicen máquinas con riesgo de que el guante quede atrapado.
d) Manipulación o utilización de productos ácidos y alcalinos.

17. Es una obligación por parte de trabajador:

a) Cuidar correctamente los equipos de protección individual.
b) Colocar el equipo de protección individual después de su utilización en el lugar indicado para ello.
c) Informar de inmediato a su superior de cualquier defecto apreciado en el equipo de protección individual utilizado.
d) Todas son correctas.

18. ¿Cuál es la Ley de seguridad alimentaria y nutrición?

a) Ley 18/2008.
b) Ley 17/2011.
c) Ley 16/2012.
d) Ley 3/2000.

19. ¿Quién coordina las administraciones públicas con competencia en materia de seguridad alimentaria?

a) ASESAN.
b) Ministerio de Medio Ambiente.
c) AECOSAN.
d) Ninguna respuesta es correcta.

20. ¿Cuáles son los objetivos de los programas de control higiénico-sanitario?

a) Mantener un elevado nivel de protección de la salud y la seguridad alimentaria.
b) Mantener un nivel elevado de confianza y lealtad de las transacciones comerciales.
c) Prevenir las enfermedades relacionadas con los alimentos y la exposición a agentes capaces de causar enfermedades por vía alimentaria.
d) Todas las respuestas son correctas.

En MADTEST tienes **más preguntas de este tema**, y todos tus avances quedan registrados y se reflejan en el ranking.

¡Supera tus límites con MADTEST!

Solución al test n.º 18

1. a) En el artículo 14.6 de dicho Estatuto.

2. a) Enfermos que puedan desplazarse por sí mismos.

3. a) Caídas al mismo nivel.

4. d) Todas son correctas.

5. b) Sustancias cáusticas y corrosivas.

6. b) Realizar trabajos con manejo de cargas o posturas forzadas.

7. a) Al uso personal.

8. d) Todas son correctas.

9. b) Las vías respiratorias.

10. d) Todas son correctas.

11. a) Suprimir la causa que produce la quemadura: apagar las llamas, eliminar los ácidos, etc.

12. d) Ante cualquier circunstancia, apagar el fuego con cualquier extintor que se tenga a mano.

13. b) Están concebidos para que puedan ser llevados y utilizados a mano teniendo en condiciones de funcionamiento una masa igual o inferior a 20 kg.

14. b) Polvo ABC (polivalente).

15. d) Todas las respuestas son correctas.

16. a) Trabajos de deshuesado y troceado.

17. d) Todas son correctas.

18. b) Ley 17/2011.

19. c) AECOSAN.

20. d) Todas las respuestas son correctas.

TEST N.º 19

Protección medioambiental. Nociones básicas sobre contaminación ambiental. Principales riesgos medioambientales relacionados con las funciones de la categoría. Tratamiento de residuos hosteleros, normas sanitarias para su control y eliminación

1. ¿Qué se entiende por desarrollo sostenible?

a) Aquel que satisface las necesidades de las generaciones presentes, comprometiendo las posibilidades de las generaciones futuras para atender las suyas.

b) Aquel que permite el desarrollo de las generaciones futuras, a costa de obviar las necesidades presentes.

c) Aquel que satisface las necesidades de las generaciones presentes, sin comprometer las posibilidades de las generaciones futuras para atender las suyas.

d) Es un concepto que todavía está por definir.

2. ¿Cuáles de las siguientes finalidades engloba el concepto de desarrollo sostenible?

a) Desarrollo económico.

b) Sostenibilidad ambiental.

c) Equidad social.

d) Todas las respuestas son correctas.

3. ¿Qué plantea básicamente el Informe Brundtland en 1987?

a) Que la protección y conservación del medio ambiente debe basarse en el concepto de desarrollo sostenible.

b) Que se debe frenar el desarrollo económico e industrial, para proteger el medio ambiente.

c) Que el desarrollo económico y la sostenibilidad ambiental son conceptos incompatibles.

d) Todas las respuestas son correctas.

4. ¿Qué es la Agenda 21?

a) Un convenio sobre cambio climático.

b) Un programa de acción para alcanzar los objetivos del desarrollo sostenible en todos los países.

c) Una declaración sobre medio ambiente y desarrollo.

d) Un documento donde se programan todas las reuniones que tendrán lugar en el siglo 21.

5. ¿Qué efecto tienen los incendios sobre el medio ambiente?

a) Liberación de CO_2 a la atmósfera.

b) Liberación de CFCs a la atmósfera.

c) Deforestación.

d) Las opciones a) y c) son correctas.

6. ¿Cuáles son las consecuencias del cambio climático?

a) Disminución de la lluvia y largos periodos de sequía.

b) Lluvias torrenciales e inundaciones.

c) Deshielo de glaciares.

d) Todas las respuestas son correctas.

7. ¿Qué problemas causa el ozono troposférico?

a) Se ha formado un agujero en la capa.

b) Resulta perjudicial para la salud humana a elevadas concentraciones.

c) Se desplaza a los polos dejando desprotegidas otras zonas de la tierra.

d) Todas las respuestas son correctas.

8. Indica cuál de las siguientes afirmaciones es falsa:

a) El suelo puede contaminarse por acumulación de determinadas sustancias.

b) Cuando su capacidad de almacenamiento llega al límite, los contaminantes son liberados a otros medios.

c) Los contaminantes del suelo no van a entrar en la cadena trófica.

d) Las respuestas a) y b) son correctas.

9. Los objetivos que se establecen respecto a los residuos, por orden de prioridad, son:

a) Reducción, reutilización, reciclado, eliminación y otras formas de valorización.

b) Reutilización, reciclado, reducción y eliminación.

c) Reciclado, reducción, reutilización y eliminación.

d) Eliminación, reciclado, reutilización y reducción.

10. ¿Qué es la valorización de los residuos?

a) Cualquier procedimiento que permita el aprovechamiento de los recursos contenidos en los residuos, sin poner en peligro la salud humana.

b) La reducción de los residuos.

c) La reutilización de los residuos, sin poner en peligro la salud humana.
d) Ninguna respuesta es correcta.

11. ¿Cuáles de los siguientes parámetros se usan para definir la calidad del agua?

a) Concentración, temperatura y turbidez.
b) DBO y DQO.
c) CFCs y COVs.
d) Las respuestas a) y b) son correctas.

12. ¿Qué consecuencias tiene la concentración de materia orgánica en el agua de los ríos?

a) La eutrofización.
b) La proliferación de todas las especies animales.
c) El aumento de la biodiversidad.
d) Todas las anteriores.

13. ¿A partir de qué intensidad de ruido se entra en el umbral del dolor para el oído humano?

a) 80 dB.
b) 120 dB.
c) 20 dB.
d) 1200 dB.

14. ¿Qué contenido contaminante lleva el agua procedente del fregado de la vajilla?

a) Restos de suciedades orgánicas.
b) Resto de productos.
c) Ambas respuestas son correctas.
d) Ambas respuestas son falsas.

15. ¿Qué efectos tienen los fosfatos que componen los detergentes?

a) Eutrofización de las aguas.
b) Contaminación atmosférica.
c) Contaminación lumínica.
d) Cambios de pH.

16. ¿Qué es la biodegradabilidad?

a) La capacidad no contaminante.
b) La capacidad de ser degradado de forma natural.
c) Una propiedad de todos los detergentes.
d) La posibilidad de acumulación en los ríos.

17. Los productos de limpieza en seco, ¿son contaminantes?

a) Sí, porque llevan disolventes.
b) No.
c) Sí, porque llevan tensioactivos.
d) No, porque sólo generan espuma.

18. ¿Cuál de las siguientes actividades contribuye a la contaminación atmosférica?

a) El consumo de combustible por los vehículos de distribución de alimentos elaborados.
b) Todos los procesos de conservación de los alimentos.
c) La emisión de CFC por el uso de maquinaria de cocina.
d) Todas las anteriores actividades emiten gases de efecto invernadero.

19. ¿Cuál de los siguientes componentes de los detergentes no es biodegradable?

a) Tensioactivos.
b) Citratos.
c) Fosfatos.
d) Ninguno de los anteriores es biodegradable.

20. ¿Por qué resulta contaminante el consumo energético en la cocina?

a) Por lo elevado que es.
b) Porque durante la generación de energía se producen contaminantes atmosféricos.
c) Por la contaminación lumínica.
d) Las opciones a) y b) son correctas.

En MADTEST tienes **más preguntas de este tema**, y todos tus avances quedan registrados y se reflejan en el ranking.

¡Supera tus límites con MADTEST!

Solución al test n.º 19

1. c) Aquel que satisface las necesidades de las generaciones presentes, sin comprometer las posibilidades de las generaciones futuras para atender las suyas.

2. d) Todas las respuestas son correctas.

3. a) Que la protección y conservación del medio ambiente debe basarse en el concepto de desarrollo sostenible.

4. b) Un programa de acción para alcanzar los objetivos del desarrollo sostenible en todos los países.

5. d) Las opciones a) y c) son correctas.

6. d) Todas las respuestas son correctas.

7. b) Resulta perjudicial para la salud humana a elevadas concentraciones.

8. c) Los contaminantes del suelo no van a entrar en la cadena trófica.

9. a) Reducción, reutilización, reciclado, eliminación y otras formas de valorización.

10. a) Cualquier procedimiento que permita el aprovechamiento de los recursos contenidos en los residuos, sin poner en peligro la salud humana.

11. d) Las respuestas a) y b) son correctas.

12. a) La eutrofización.

13. b) 120 dB.

14. c) Ambas respuestas son correctas.

15. a) Eutrofización de las aguas.

16. b) La capacidad de ser degradado de forma natural.

17. a) Sí, porque llevan disolventes.

18. a) El consumo de combustible por los vehículos de distribución de alimentos elaborados.

19. c) Fosfatos.

20. d) Las opciones a) y b) son correctas.

TEST N.º 20

El servicio de ropa y lencería: necesidades del hospital. Importancia del servicio de ropa y lencería en centros sanitarios: funciones del servicio de ropa en un hospital; importancia del servicio de ropa desde el punto de vista del paciente; importancia del servicio de ropa desde el punto de vista del hospital

1. ¿De qué se encarga el servicio de lencería?

a) Mantenimiento cualitativo de la ropa.
b) Mantenimiento cuantitativo de la ropa.
C) Diseño de la ropa.
d) Son correctas las respuestas a) y b).

2. ¿Qué tipo de servicio es el de lencería?

a) Asistencial.
b) De soporte.
c) De mantenimiento.
d) De gestión.

3. ¿Cuál de las siguientes no se incluye entre de la ropa hospitalaria?

a) Ropa de cama.
b) Ropa de baño.
d) Ropa personal del paciente.
d) Uniformidad del personal.

4. ¿Cuál de estas prendas se considera lencería de baño?

a) Toallas de ducha.
b) Pijama.
c) Muletón.
d) Todas las respuestas son correctas.

5. ¿Qué función tiene la uniformidad?

a) Protección.
b) Ahorro.
c) Vestir a todos igual.
d) Todas las respuestas son correctas.

6. ¿Qué características tendrá la uniformidad?

a) Será cómoda.
b) Su uso será exclusivo.
c) Protegerá al paciente y al personal.
d) Todas las respuestas son correctas.

7. ¿Cuándo estará la ropa higienizada?

a) Cuando se haya lavado.
b) Cuando no presente restos de manchas.
c) Nada más salir de la lavadora.
d) Cuando esté sin restos de suciedad ni olor, de manera que pueda ser usada nuevamente, sin riesgo de constituir un foco de infección.

8. ¿A qué se debe el deterioro de la ropa con el tiempo?

a) Al uso y los procesos de lavado.
b) Al tiempo.
c) Al contacto con el aire.
d) A ninguno de los factores expuestos anteriormente.

9. ¿Quién gestionará la compra de nuevas prendas para la reposición?

a) El servicio de lencería.
b) El servicio de almacén.
c) El servicio de suministros.
d) El servicio de limpieza.

10. ¿Qué se hace en planta con la ropa sucia?

a) Se guarda en el almacenillo de lencería.
b) Se envía a la lavandería.
c) Se cambia la ropa sucia por limpia y viceversa.
d) Se informa cada vez que se quite una prenda sucia para que traigan una limpia.

11. ¿Qué características básicas tendrá la ropa hospitalaria?

a) Comodidad, suavidad e higiene.
b) Comodidad, elasticidad y estética.

c) Elasticidad, suavidad y holgura.
d) Tallaje, marcaje e higiene.

12. ¿Cómo se hace el cálculo de la producción de ropa en una lavandería?

a) En función del peso de ropa.
b) En función del volumen de ropa.
c) En función del número de prendas de línea.
d) En función del número de bolsas de ropa.

13. ¿Cuánta ropa es producida en una lavandería?

a) Toda la ropa que entró en la lavandería.
b) La ropa que ha sido sometida a todo el proceso.
c) Toda la ropa desechada.
d) La suma de a) y c).

14. ¿Qué resulta del entrelazado de las fibras?

a) Un tejido rugoso.
b) Un producto plano, el tejido.
c) Una fibra mayor.
d) Una prenda.

15. ¿Qué efectos negativos pueden tener los lavados sobre la ropa?

a) Disminución de la resistencia del tejido.
b) Decoloración.
c) Encogido.
d) Todas las respuestas son correctas.

16. ¿Qué ocurre si se trata una mancha de sangre con lejía?

a) Se quita.
b) Se blanquea.
c) Se fija al tejido.
d) No tiene efecto alguno.

17. ¿De qué color es la ropa de quirófano?

a) Blanca.
b) Azul.
c) Verde.
d) Negra.

18. ¿Cómo se denominan los conjuntos de hilo que se entrelazan en el tejido?

a) Urdimbre y trama.
b) Turdible y rama.
c) Cóncavo y convexo.
d) Tira y transversa.

19. ¿Qué tipo de fibra es el algodón?

a) Vegetal.
b) Animal.
c) Tallos de plantas.
d) Sintética.

20. ¿Cómo se denominan las puntadas unidas a mano, de derecha a izquierda, para fijar piezas, rematar, etc.?

a) Festón.
b) Hilván.
c) Pespunte.
d) Fruncido.

En MADTEST tienes **más preguntas de este tema**, y todos tus avances quedan registrados y se reflejan en el ranking.

¡Supera tus límites con MADTEST!

Solución al test n.º 20

1. d) Son correctas las respuestas a) y b).

2. b) De soporte.

3. d) Ropa personal del paciente.

4. a) Toallas de ducha.

5. a) Protección.

6. d) Todas las respuestas son correctas.

7. d) Cuando esté sin restos de suciedad ni olor, de manera que pueda ser usada nuevamente, sin riesgo de constituir un foco de infección.

8. a) Al uso y los procesos de lavado.

9. a) El servicio de lencería.

10. b) Se envía a la lavandería.

11. a) Comodidad, suavidad e higiene.

12. a) En función del peso de ropa.

13. b) La ropa que ha sido sometida a todo el proceso.

14. b) Un producto plano, el tejido.

15. d) Todas las respuestas son correctas.

16. c) Se fija al tejido.

17. c) Verde.

18. a) Urdimbre y trama.

19. a) Vegetal.

20. c) Pespunte.

TEST N.º 21

La ropa limpia hospitalaria: manipulación, transporte y almacenamiento

1. ¿Qué temperatura máxima se recomienda para planchar prendas de seda natural?

a) 200 ºC.
b) 150 ºC.
c) 110 ºC.
d) No se pueden planchar.

2. ¿Qué tipo de transporte se recomienda para trasladar la ropa limpia?

a) Cualquier medio mientras esté ventilado.
b) Abierto para facilitar la carga.
c) Limpio, desinfectado y preferiblemente cerrado.
d) Compartido con otras funciones.

3. ¿Por qué se vuelve la ropa a la zona sucia después del marcaje y costura?

a) Para empaquetarla.
b) Para plancharla.
c) Para comenzar un nuevo ciclo de lavado e higienización.
d) Para almacenarla temporalmente.

4. ¿Cuál de los siguientes materiales es indispensable en un equipo básico de costura?

a) Imán.
b) Cinta métrica.
c) Corchetes.
d) Papel carbón.

5. ¿Qué tipo de aguja se utiliza para coser cuero?

a) De punta redonda.
b) De guarnicionero con punta plana.

c) De zurcir.
d) De bordado.

6. ¿Qué ocurre si se usan las tijeras de costura para cortar papel?

a) Se oxidan.
b) Se rompen.
c) Se estropean de forma irreparable.
d) Se desafilan pero se pueden reparar.

7. ¿Cuál de los siguientes hilos es adecuado para hilvanar?

a) Hilo torzal.
b) Hilo de bordado.
c) Hilo frágil y fácilmente removible.
d) Hilo de coser de algodón.

8. ¿Qué punto de costura se usa para unir dos telas de forma casi invisible?

a) Punto de festón.
b) Punto invisible o deslizado.
c) Punto de ojal.
d) Punto escapulario.

9. ¿Qué sistema se utiliza para que la tela no se enganche al coser terciopelo?

a) Enhebrar de nuevo.
b) Colocar papel de seda entre la tela y la máquina.
c) Usar hilo grueso.
d) Coser a mano.

10. ¿Cuál es una característica del punto zigzag en máquinas de coser?

a) Sólo sirve para remendar.
b) No se puede ajustar.
c) Permite decorar y unir telas que se deshilachan.
d) Solo sirve para telas gruesas.

En MADTEST tienes **más preguntas de este tema**, y todos tus avances quedan registrados y se reflejan en el ranking.

¡Supera tus límites con MADTEST!

Solución al test n.º 21

1. c) 110 ºCd) No se pueden planchar.

2. c) Limpio, desinfectado y preferiblemente cerrado.

3. c) Para comenzar un nuevo ciclo de lavado e higienización.

4. b) Cinta métrica.

5. b) De guarnicionero con punta plana.

6. c) Se estropean de forma irreparable.

7. c) Hilo frágil y fácilmente removible.

8. b) Punto invisible o deslizado.

9. b) Colocar papel de seda entre la tela y la máquina.

10. c) Permite decorar y unir telas que se deshilachan.

Cómo acceder al Curso

Ayudante de Servicios
Test del temario

El uso de los códigos **es exclusivo de los compradores de los productos de Editorial MAD**. Cada producto posee un código único y de un solo uso. Es personal e intransferible y da acceso a servicios y contenidos adicionales. Editorial MAD se reserva el derecho de hacer cuantas comprobaciones sean necesarias para identificar al legítimo poseedor del código y dejar de dar servicio a quien haga uso fraudulento del mismo, además de emprender cuantas acciones legales estime oportunas según la legislación vigente.

Deberás acceder a:

mad.es/registro-campus

Si una vez aceptadas las condiciones de uso del Campus decides hacer uso del mismo, necesitarás del siguiente código de acceso junto con los códigos del resto de títulos que se exigen (si fuera el caso):

5CM9QHWYGI